# 百万大单制造机

## 制造机

### 大客户营销的终极秘诀

冯天心◎著

中国财富出版社

图书在版编目（CIP）数据

百万大单制造机：大客户营销的终极秘诀／冯天心著．—北京：
中国财富出版社，2015.7

ISBN 978-7-5047-5808-8

Ⅰ.①百… Ⅱ.①冯… Ⅲ.①企业管理—销售管理—通俗读物
Ⅳ.①F274-49

中国版本图书馆 CIP 数据核字（2015）第 163876 号

| 策划编辑 | 范虹轶 | 责任编辑 | 邢有涛 单元花 | | |
|---|---|---|---|---|---|
| 责任印制 | 方朋远 | 责任校对 | 梁 凡 | 责任发行 | 邢有涛 |

| | | |
|---|---|---|
| 出版发行 | 中国财富出版社 | |
| 社　　址 | 北京市丰台区南四环西路 188 号 5 区 20 楼 | 邮政编码　100070 |
| 电　　话 | 010-52227568（发行部） | 010-52227588 转 307（总编室） |
| | 010-68589540（读者服务部） | 010-52227588 转 305（质检部） |
| 网　　址 | http：//www.cfpress.com.cn | |
| 经　　销 | 新华书店 | |
| 印　　刷 | 北京京都六环印刷厂 | |
| 书　　号 | ISBN 978-7-5047-5808-8/F·2437 | |
| 开　　本 | 710mm×1000mm　1/16 | 版　次　2015 年 7 月第 1 版 |
| 印　　张 | 11.25 | 印　次　2015 年 7 月第 1 次印刷 |
| 字　　数 | 173 千字 | 定　价　32.00 元 |

# 前　言

有一句既幽默又犀利的名言："你要打天堂的主意，就要看准上帝下手。"的确，你要想打造百万大单制造机，不向大客户下手又向谁下手呢？这个答案应该不证自明。

那么，怎么向大客户下手呢？估计所有做销售的都有过这样的疑问，或者正陷在这样的疑问中而不能自拔。谁不想向大客户下手呢？问题是人家让你下手吗？

市面上有关销售的书，可谓汗牛充栋，车载斗量。是不是把它们都读过一遍，就能够立地开悟了呢？实践证明，恐怕未必。

正如庄子所言："吾生也有涯，而知也无涯。以有涯随无涯，殆已；已而为知者，殆而已矣。"就拿销售来说，销售理论和知识固然重要，但也不过是理论和知识而已。如果想把这些理论和知识运用好，不仅要有一个熟练的过程，更重要的是必须解决境界和智慧层面的问题。

而要解决境界和智慧层面的问题，普通的理论和知识肯定做不到，需要有比这些更高的理论来指导才行。例如，我们要登高，就要攀登立起来的梯子，而横卧在地上的梯子是解决不了登高的问题的。因此，为了登高，我们首先就要找到立起来的梯子。

简而言之，营销产品或者服务的背后，其实是在营销人心，也就是让大客户的心合上你的心的节拍来共振。能够与你心心相印、同频共振的大客户，你当然可以予取予夺、随心所欲。

但是，人家凭什么要与你心心相印、同频共振呢？这就需要你的那颗心，值得人家心甘情愿地与你共振。所以，你要把自己的这颗心修养好，使之具备强大的能量，具备征服人心的本领。如果一个人的心连自己的主都做不过了，又何谈征服别人的心呢？

理顺自己这颗心，自然知道学习和补充哪些销售知识、技术和能力；理顺自己这颗心，自然知道大客户想什么问题、怎么想问题；理顺自己这颗心，自然知道如何去理顺大客户那颗心！

盲人摸象的弊端在于，把事物割裂开来看，虽然抓住了细节，却忽略了整体。那是不是把大象全身都摸遍就好了呢？显然也不行。这就像上学的目的一样，不是多读几本书就可以了，而是通过读书学会读书，最终搞明白读书的本质。把握大客户营销的终极秘诀，成为百万大单制造机，绝非书呆子型的销售人员所能为，而是智慧者之事业！

作　者
2015 年 3 月

目录
CONTENTS

第一章

# 没有天生的销售高手，只有不断积极进取的狂人

学销售和做销售的人，一般都知道乔·吉拉德的名字，甚至以为他是天生的销售高人。其实，这完全是一种自以为是的误会。不论乔·吉拉德在销售界多么伟大，也是其不断学习、积极进取的结果。而且不论任何人，只要方向正确、努力足够，同样可以做到这一点。

## 欲望是获取百万订单的第一要素

一个很简单的道理，人们要做一件什么事情，首先就要想做。也就是说，是先有做的欲望，然后才能谈得上行为。如果连想都不想，又怎么能谈行为呢？其实，很多人之所以无所作为，就是因为他们根本就没有想去作为。把这个道理搞清楚，可以为我们打开一扇大门。而透过这扇大门，我们就可以窥见登堂入室的路径。

法国有一位靠推销装饰肖像画起家的业务员，名叫巴拉昂。他在不到十年的时间里，迅速跻身全国 50 大富翁之列。1998 年他因病去世，在临终前留下遗嘱，除了将自己的大部分资产捐献给医院外，另有 100 万法郎作为奖金，送给能够揭开贫穷之谜的人。

不久，法国的《科西嘉人报》刊登了巴拉昂的遗嘱："我曾经是一个穷人，去世的时候却以一个富人的身份走进天堂。在跨入天堂门槛之前，我不想把我成为富人的秘诀带走。现在这个秘诀就锁在法兰西中央银行我的一个私人保险箱里，保险箱的三把钥匙分别在我的一位律师和两位代理人手中。如果谁能够猜中我的秘诀，正确地回答'穷人最缺少的是什么'这个问题，他将得到我的祝贺。当然，那时的我已经无法从墓穴中伸出双手为他的睿智而欢呼，但是他可以从那个保险箱中荣幸地拿走 100 万法郎，那就是我给予他的掌声！"

遗嘱刊登后，信件如雪片般飞到了报社。对于"穷人最缺少什么"这个问题，报社总共收到了 48561 个答案。其中多数答案都是：穷人最缺少的是文凭，穷人最缺少的是毅力，穷人最缺少的是好运气，穷人最缺少的是一位富爸爸，穷人最缺少的是发展和发财的机遇……也有的人认为，穷人之所以穷，是因为他们缺少贵人相助或者缺心计、缺方法、缺品位。答案千奇百怪。

在巴拉昂逝世一周年的时候，那只保险箱终于在公证部门的公证下被打开了。在48561封信里，只有一位叫蒂勒的小姑娘猜对了巴拉昂成为富人的秘诀，那就是穷人最缺少的是企图心——成为富人的企图心。

巴拉昂的谜底在西方世界引起了很大的震动。后来，一些美国好莱坞的明星和几位年轻的富翁就此话题接受了电视台的采访，他们都毫不掩饰地承认：企图心是永恒的特效药，是所有奇迹的催化剂。大多数人之所以平庸，就是因为他们缺乏成为一个卓越的人的企图心。

如果把人分为穷人和富人两种，那么穷人与富人的差别就在于：穷人重依赖，而富人更独立。穷人常挂在嘴边的一句话就是：在家靠父母，出外靠朋友。一个轻松的"靠"字就把自己的命运完全交到了别人的手里，这就使他们自己永远都不想有所作为，永远改变不了穷困的命运。

富人和穷人实质性的差别，在于他们在人生关键时刻的心态不同。穷人总想改变外界环境、改变别人来适应自己。其实穷人最应该做的是改变自己。

有人说："企图心是从穷人世界到富人世界的通行证。"然而，穷人往往因为缺乏成为富人的企图心，而总是没有主见，不能在人生的关键时刻把握自己，常常使自己迷失方向，随波逐流。

美国一家大公司在招聘销售人员的时候，总会问这样一个问题："你为什么要做销售人员？"许多人回答说："我喜欢这个有挑战性的工作"或者"为了实现自己的理想"等，这样回答的人一般都不会被录取。如果有应聘者回答说："为了赚钱！"主考官就会露出阳光般灿烂的笑容，上前握住他的手，祝贺他被录用了。

顶尖的业务人员胜过一般业务人员靠的并不是口头功夫，而是心理武器，其中最基础的一条就是企图心。其实，企图心就是自信和强烈的欲望，是获取百万订单的第一要素。

话说起来容易，做起来就很难了。因为我们这方面的企图心，已经被数不清的各种各样的执着心所覆盖、所淹没了，所以还需要先把这些东西去掉。去掉这些东西的最好办法，就是归零心态。

古时候一个佛学造诣很深的人，去拜访一位德高望重的老禅师。老禅师的徒弟接待他时，态度傲慢。后来老禅师恭敬地接待了他，并为他沏茶。可在倒水时，明明杯子已经满了，老禅师还不停地倒。他不解地问："大师，为什么杯子已经满了，还要往里倒？"大师说："是啊，既然已满了，干吗还倒呢？"访客恍然大悟。这就是"归零心态"的起源，象征意义是，做事的前提是先要有好心态，如果想要获取更多的知识、技能，获得更大的成就，必须定期给自己的内心清零。

归零的心态就是空杯、谦虚的心态，就是重新开始。归零心态要求我们不能沉迷于过去的心态，要把自己的所有心态都去除掉。归零心态的本质就是去掉各种各样的执着心，正是这些东西阻挡着我们去认识真理。

这个过程肯定是一个痛苦的过程，但也是一个快乐的过程。痛苦是因为要放下不正确观念，我们却以为这些观念是正确的；快乐是因为真正放下后，才豁然省悟那些观念原来真是不正确的。

## 学会自我激励，拥有拿下百万订单的决心和勇气

拿下百万订单，对于很多人来说，一想到这个事情就觉得气馁，意思是我哪有那样的能力呢？你看看，自己首先就把自己给否定了，那还谈什么呢？要知道，人类之所以千差万别，最重要的原因就是做事情的决心和勇气不同。

有一个人，在他很小的时候就梦想拥有很多的财富，立志成为百万富豪。他七岁的时候生了一场病，生命垂危。在这个时候，他头脑中想到的并不是死亡，而是长久以来成为富翁的愿望。他在纸上写下一大串数字，并对照顾他的护士说："我现在虽然没有很多的钱，但是总有一天我会很富有，我的照片也会出现在报纸上！"

现在，这个人已经成为全世界顶级富豪之一，拥有的财富已经达到166亿美元之多，是名给了他决心和勇气，最终让他把理想变成了现实。这个人就是现在世人皆知的"股神"沃伦·巴菲特。

销售是挑战性最强的职业之一，因为要把商品或者服务成功销售给别人，避免不了各种各样的遭遇。但是，优秀的销售人员不会害怕客户的拒绝，不会畏惧竞争者的挑战，做事一定会全力以赴。自我激励会帮助自己调整心态，从而勇敢地面对挫败。

舒斯特是美国保险推销界的推销大王。他初次踏入推销领域时，也曾遭遇到不少挫折和困难。但是，一次失败后的教训，给了他一生中最大的启示。

有一天，舒斯特到一家工厂拜访一位老板。那位老板正埋头于工作中，当舒斯特作了自我介绍并且说明来意后，他一副颇不耐烦的样子，挥挥手说："推销保险，我不需要！"

舒斯特的自尊心受到严重的伤害。于是，他一个人漫步于街头，信步走到一个公园，独自坐在冷板凳上反省，心想："自己到底适不适合当推销员？"左思右想，越来越对推销工作感到气馁。

这时候，一声"哎哟"引起了舒斯特的注意，原来有两位小朋友在练习溜冰，其中有一位小朋友不小心跌了个四脚朝天，只见他不当一回事地自个儿爬了起来。

在好奇心的驱使之下，舒斯特走上前去，问道："小弟弟，你不怕疼吗？"

跌倒的男孩却若无其事地回答说："我只想把溜冰学好，跌倒了不算什么，再爬起来就是了。"

接着，舒斯特在旁边观看了好一会儿，发现另外一个孩子溜得很好，因此，舒斯特问他："小弟弟，你为什么溜得这么好呢？"

这个小孩一本正经地回答说："这有什么好奇怪的呢？我已经练了 4 年了啊！"

听了两位天真烂漫的小朋友的答话，舒斯特不禁十分感动。

同时，他也受到了很大启发。一点也不错，跌倒了，再爬起来就是了！只要肯下功夫，一定能够成功。

第二天，舒斯特又前往昨天碰过钉子的工厂拜访。

首先，舒斯特告诉老板，他是为昨天冒昧地打扰专程来致歉的。那位老板看到舒斯特如此客气，态度比昨天好多了。

因此，舒斯特趁机请教他一个问题："如果贵工厂的职员在外面遇到了困难便退缩的话，您还用不用他？"

这位聪明的老板立刻会意，他请舒斯特坐下，并且告诉舒斯特，他愿闻其详。

最后舒斯特成功地拿到了这位工厂老板的订单。

从此，舒斯特便不断地告诉自己："推销是从拒绝开始的。"他勇敢地面对一次又一次的拒绝，直到成为美国的保险推销王。

表面上看，舒斯特靠的是自我激励，培养出了拿下百万订单的决心和勇气；而背后的实质则是，他克服了内心的懦弱和胆怯。

每个人在社会生活这个大染缸里浸泡，都会养成各种各样的执着心，比如懦弱、胆怯、虚荣、嫉妒、冷漠……正是这些东西，导致我们难以正确地接人待物，阻碍了人际交往的正常通道。而把这些东西去除掉之后，我们就不会再有心理障碍，自然如庖丁解牛，游刃有余。

## 始终以一种积极乐观的态度面对自己的客户

中国人经常讲一句话，相由心生，境由心生。就是说，人的内心环境可以决定外部环境，内心环境的变化可以改变外部环境。由于大家一直认为，环境决定心境，所以很容易陷入认识误区。

　　一家公司的两名销售，同时去一家超市推销产品。甲看到这家超市已经有很多的同类产品，竞品卖的相当好，而且利润比自己的产品高，即认为该店此类产品已经饱和，很难说服老板进货，即使进了货也不一定好卖；另一个销售乙也看到这家超市同类产品很多，认为这也同时证明了该店的此类产品销售较旺，有很大的开发潜力。经了解，该店销售最好的是××品牌，自己的产品相对××虽有差距，但也有着独特的优势。于是乙用尽浑身解数，说服了超市老板进货。同时针对××产品，制定了相应的促销政策。不久，这家超市成了公司的样板店。

这则故事启示我们，很多时候我们不是输给了竞争对手，而是输给了自己。在与竞争对手争夺客户时，我们提供的产品或者服务，以及综合实力不是没有赢的希望。但是由于悲观的心态，自己就把自己给否定了，从而白白浪费了销售机会。

很多时候，乐观就是快乐的代名词。因为乐观的人更善于发现工作和生活中的真善美，开放自己的心胸，让自己活得开心快乐，随时带着微笑，走到哪里都是"阳光使者"。销售本身就是一种信心的传递和信念的转移，而快乐具备一种强大的传播力、吸引力和影响力。乐观的销售会在使顾客购买产品或服务，享受产品本身带来利益的同时，获得一种快乐的消费体验，使得客户更容易跟你交往和敞开心扉。所以，乐观的销售更容易接近和打动顾客。

英特尔公司的总裁安迪·葛鲁夫曾是美国《时代》周刊的风云人物。很多人只知道他是美国巨富，却不知道他也有鲜为人知的苦难经历。

　　由于家境贫寒，安迪·葛鲁夫从小便吃尽了缺衣少食和受人藐视的苦头，他发誓要出人头地。他在上学期间，学习成绩优异，且表现出了商业天分，经常从市场上买来各种半导体零件，经过组装后低价卖给同学，他只从中赚取手续费。由于他组装的半导体比原装的便宜很多，而质量却不相上下，所以在学校里很走俏。可是谁也想不到，他竟是个极度悲观的人，也许是受贫困家境的影响，凡事他都爱走极端，这在他以后的经商之路上体现得淋漓尽致。

那是安迪·葛鲁夫第三次破产后的一个黄昏，他一个人漫步在家乡的河边。他从早早去世的父母，想到了自己辛苦创下的事业一次次破产，内心充满了阴云。悲痛不已的他在号啕大哭一番后，望着滔滔的河水发呆，他想如果自己就这样跳下去的话，很快就会得到解脱，世间的一切烦愁都与他无关了。突然，对岸走来一位憨头憨脑的青年，他背着一个鱼篓，哼着歌从桥上走了过来，他就是拉里·穆尔。

安迪·葛鲁夫被拉里·穆尔的情绪感染，便问他："先生，你今天捕了很多鱼吗？"

拉里·穆尔回答："没有啊，我今天一条鱼都没捕到。"

安迪·葛鲁夫不解地问："你既然一无所获，那为什么还这么高兴呢？"

拉里·穆尔乐呵呵地说："我捕鱼不全是为了赚钱，而是为了享受捕鱼的过程，你难道没有觉得被晚霞渲染过的河水比平时更加美丽吗？"

一句话让安迪·葛鲁夫豁然开朗。于是，这个对生意一窍不通的渔夫拉里·穆尔，在安迪·葛鲁夫的再三央求下，成了他的贴身助理。

很快，英特尔公司奇迹般地再次崛起。在创业的数年间，公司的股东和技术精英不止一次地向总裁安迪·葛鲁夫提出质疑：那个没有半点半导体知识、毫无经商才能的拉里·穆尔，真的值得如此重用吗？

安迪·葛鲁夫说："是的，他确实什么都不懂，而我也不缺少智慧和经商的才能，更不缺少技术。我缺少的只是他面对苦难的豁达心胸和面对人生的乐观态度，而他的这种豁达心胸和乐观态度，总能让我受到感染而不至于做出错误的决策。"

是否积极乐观，是评价一个人修养境界高低的标准之一。保持积极乐观的心态需要有一颗平常心，正确面对工作生活中的困难与挫折，克服不切实际的欲望，养成博大宽广的胸怀。

不能正确面对困难与挫折是乐观不起来的。顺境使人快乐，逆境使人坚强，人生的顺境与逆境是相对的，没有绝对的顺境或逆境。不要因为取得一点成绩就沾沾自喜，也不要因为遇到一点困难挫折就悲悲戚戚，心绪一落千丈。

欲望太多是乐观不起来的。苏东坡说过："处贫贱易，处富贵难，安贫苦易，安闲散难，忍痛易，忍痒难。"被名利所累，自然无愉悦的心情。因此，保持乐观的心态需要有一切顺其自然的心境和公正无私的境界，别总是患得患失的活着，不必为欲望的满足而欣喜若狂，也不必为欲望的不满足而怨天尤人。

心胸狭隘是乐观不起来的。现实生活中人与人之间难免有高低之分、多少之争、大小之论，纠缠于得失纷扰、算计于眼前利益、解不开恩怨的心结必定引起心中阴霾重重，郁闷异常。唯有用宽广的胸襟笑对一切、包容一切、稀释一切，才会宽容别人，善待自己，心情自然豁达开朗。

## 勇于面对失败，不断总结经验教训

做销售工作主要是跟人打交道，不可能一帆风顺，总会遇到这样那样的困难，甚至会遭受挫折，出现失败。往往有些人一旦不成功，就会立马推卸责任：我该做的都做了，该说的都说了，这不能怪我；或者不断地埋怨客户，责怪客户不识货。但是，即便说得都对，又能怎么样呢？

有一次，日本的松下公司招聘一批销售人员，考试分为笔试和面试。这次总共只招聘十人，可是报考的达到几百人，竞争非常激烈。

经过一个星期的筛选工作，松下公司从这几百人中挑出了十名优胜者。

松下幸之助看了一下优胜者名单，令他感到意外的是，面试时给他留下深刻印象的神田三郎并不在其中。于是，松下幸之助马上吩咐下属去复查考试分数的统计情况。

经过复查，下属发现神田三郎的综合成绩相当不错，在几百人中名列第二。由于计算机出了毛病，把分数和名次排错了，神田三郎的成绩没有列入前十名。松下幸之助听了，立即让下属改正错误，尽快给神田三郎发录取通知书。

第二天，负责办这件事的下属向松下幸之助报告了一个令人吃惊的消息：由于没有接到松下公司的录取通知书，神田三郎竟然跳楼自杀，当录取通知书送到时，他已经死了。这位下属还自言自语地说："太可惜了，这样一位有才华的年轻人我们没有录取他。"

松下幸之助听了，摇了摇头说："不！幸亏我们公司没有录取他，这样的人是成不了大事的。一个没有勇气面对失败的人，又如何去做销售？"

销售中，难免会遇到"事与愿违"的失败，而当挫折感油然而生之际，也正是我们的情商面临重大挑战的开始。被挫折轻易打败的人，是不能成为出色的销售人员的。勇于面对失败，不断地总结经验教训，乃是最好的应对办法。

遇到失败后，必须先把注意力集中到失败的经过上，想一想到底为什么会出现这样的结局。在脑海中重现失败的经过，我们也许会发现导致失败的更多因素和更多信息。分析这些因素、处理这些信息时，我们可以学到新的东西，可以调整看待失败的角度，改变下一个运作方式，避免今后出现同样的失误。但反思并不是一件容易的事，需要较高的智商与情商。

在反思的过程中，要把注意力放在失败的经过上，思考如果我们当时不那么做，而是采取其他方式或方法，分别会有怎样的结果。我们可能还会给引起失败的原因排序，找出哪些是主要原因，哪些是次要原因。我们会想当时为什么会这么做，为什么没有那样做，哪些外部条件发生了变化而被我们忽略了，哪些外部条件本以为会发生变化而事实上却没有变化。

在反思的过程中，与家人、朋友和同事交谈对你会很有帮助。我们可以把失败的经过讲给他们听，然后陈述自己的分析结果。我们最信赖的人也许会帮我们抓住重要信息，去除不太可靠的假设，并补充我们遗漏的要点。通过讨论，我们获得了更多的信息，从而可以获得更加合理的解释。当我们把所有导致失败的理由罗列出来，并逐个加以排除、分析的时候，我们对失败的经过就会有更加清醒的认识。这种认识会让我们重新审视自己，以不同的角度看待得失，甚至以全新的眼光打量这个世界。当我们明白究竟为什么会失败的时候，我们会有如释重负的感觉，不再对失败感到疑惑。

## 永葆学习之心，强化自我的综合能力素质

很多人可能也认识到自己知识与能力的缺陷，却只是遗憾和慨叹。为什么不去通过学习改变呢？要知道，精英之所以成为精英，就是不断学习和体悟的结果。

在第一次拜访客户时，很多销售人员都会出现，到门前犹豫再三不敢进门，好不容易鼓起勇气进了门，却紧张得不知说什么？结果被客户三言两语就打发了出来。还有的销售员不敢给客户打电话，就是打了电话，说话又快又不清楚，客户一拒绝就几天不敢再打电话。时间一长就怀疑自己不是干销售的料。

有的销售人员不能听客户的反面意见，一有客户说产品不好、价格太高，就怀疑自己做错了产品，就会向经理反映，是不是降低产品价格等，这些都反映出销售人员的不自信。那么，如何在销售中培养自己的自信心呢？那就是永葆学习之心，强化自我的综合能力素质。

### 1. 做好案头工作，用产品知识武装自己的头脑

如果事先把有关情况记得滚瓜烂熟，在头脑里反复想着如何开头，如何在最短的时间内把产品介绍清楚，由于事先做好了充分的准备，自信心也会大增。结果一见到客户就忘了紧张，便能够很顺利地谈好业务。

所以当你没有自信心时，不要急于去见客户或打电话，要静下心来熟悉产品，想好要和客户谈什么？怎么谈？当你自己可以回答这些问题后，再开始拜访客户或打电话。

### 2. 多向老的销售人员学习，不断增长自己的才干

你所遇到的问题，老的销售人员一般也都遇到过。所以，与其自己冥思苦想，不如向老的销售人员请教。不论对产品或者服务的了解，还是对跟客户打交道的了解，老的销售人员都会经验丰富。向他们学习，肯定能够起到事半功倍的效果。

### 3. 学习有关产品的知识，熟悉本公司产品的基本特征

这是销售员顺利与客户沟通并实现成交的必要准备，也是作为一名销售人员的基本职责。销售员除了要了解产品的基本知识以外，还要了解产品的优缺点、竞争对手的情况等。

### 4. 学习销售技巧

销售技巧是销售员永远要学习的主题，无论是拜访客户时的细节、与客户沟通时的技巧，还是向客户收款时的窍门，销售人员都要不断总结提高。

### 5. 学习利用现代技术和信息

在新的竞争模式下，销售员不但要熟练使用计算机、网络，还要学会在互联网上挖掘对自己有价值的信息，为自己的产品寻找更加有利的外部环境，从而使成功机会更大。

除了上述几点之外，还有一项更重要的内容，那就是学习经商之道。下面以清末著名商人胡雪岩为例。

一个成功的商人，在做人方面也一定是非常成功的。所谓"商道即人道"。只有融商道与人道为一体的商人才堪称后世楷模，只有这种人商合

一的境界才可以说是商人的最高境界。经商不只是简单的钱货交易。大凡成功的商人都能够看到钱之外的东西，并在此方面开动自己的商业智慧，为自己广开财路。

作为一个成功的商人，胡雪岩自然深谙生财之道。不过胡雪岩眼中的"道"是取财与不违背良心，不损害道义的正道。在他经商过程中无不体现着他做人的原则，即经商定要先做人。

胡雪岩认为经商定要先做人。实际上，经商的过程中透着做人的道理，体现着做人的原则。"君子爱财，取之有道"，这是中国流传几千年的一句古语。经商定要先做人，说得通俗一点，也就是不坑蒙拐骗，不走邪门歪道，按规矩去赚钱。只要按规矩取财，得之于正道，君子也不会以爱财为耻。

胡雪岩一生助人为乐，也经常得人助。正所谓助人者始得人助，为商者在能力范围内千万不要吝于助人。胡雪岩曾经说过："有钱可用，还要看机会，还要看人。"也就是帮人要帮到实处，帮在急难处，同时所帮的人还应该是可帮之人。胡雪岩的事业如此腾达，正源于此。

一个人的力量往往是十分有限的。因此，想成就一番事业，少不了要借助"众人拾柴之势"。得帮人时且帮人，其实也是一种极好的感情投资方式，它能够帮助自己建立起一种良好的人际关系。换句话说，许多时候，帮人其实也是在帮自己。施恩于人，获报于人，有时甚至是以"滴水"而获"涌泉"。

胡雪岩有句名言，说做生意的人要学会"前半夜想想自己，后半夜想想别人"。"想想别人"就是设身处地为别人着想，想想别人的难处，想想别人和自己一样的辛苦。生意人不能不想自己，不能不去细心地算计筹划如何去赚钱。钱是赚来的，更是筹划来的。但在想自己的时候，不妨也相应地想想别人，这样做也会为自己免去一些不必要的麻烦。

福兮祸所伏，祸兮福所倚，失意时，一个人往往要走顺路；得意非常之际，也常常为自己种下祸根，埋下日后衰败因头。胡雪岩的商德之所以为人称道，很重要的一条，就是不仅不抢同行的饭碗，且凡事以道为先，处处为别人着想。先做人，后经商，营儒商之道，走大企业之路。胡雪岩化智为义，自然明白以道为先，凡事多为人着想的道理。

商人重利，作为商人的胡雪岩也不例外，他也把利看得很重。但是他取财走的却是君子之道，那些蝇营狗苟之类的烫手钱，他是从来不会沾手的。作为一个商人要做到不赚取烫手的钱，确实需要有一种"俯首甘为孺子牛"的精神，将心比心，总能够设身处地为别人着想。

总之，永葆一颗学习之心，你的能力和自信就会与时俱进的提高。

## 告诉自己，下一个百万大单就是你的

如果一个人连自己都不相信自己，还能指望别人相信他吗？要相信自己一定能行。具有强烈自信心的人，能够承受各种考验、挫折和失败，这种自信心会使我们受用一生。

自信是成功心态的核心，也是一切正面思维的源泉。自信几乎贯穿于心态的各个方面。一个拥有自信的人，不但做事容易成功，个人魅力还会因此而增加。

小泽征尔是世界著名的交响乐指挥家。在一次世界优秀指挥家大赛的决赛中，他按照评委会给的乐谱指挥演奏。演奏过程中，敏锐的他发现了乐谱中不和谐的声音，起初，他以为是乐队演奏出了错误，就停下来重新演奏，但他感觉这种不和谐并非演奏有问题，而是乐谱有问题。这时，在场的作曲家和评委会的权威人士坚持说乐谱绝对没有问题，是他错了。

面对一大批音乐大师和权威人士的否定，他思考再三，最后斩钉截铁地大声说："不！一定是乐谱错了！"话音刚落，评委席上的评委们立即站起来，报以热烈的掌声，祝贺他大赛夺魁。

原来，这是评委们精心设计的"圈套"，以此来检验指挥家在发现乐谱错误并遭到权威人士"否定"的情况下，能否坚持自己的正确主张。前两位参加决赛的指挥家虽然也发现了错误，但终因随声附和权威们的意见而被淘汰。小泽征尔却因充满自信而摘取了世界指挥家大赛的桂冠。

对于销售人员也是这样：自信是成功的先决条件。具体说来，销售人员要具备以下几个方面的信心。

### 1. 对自己充满信心

只有对自己充满信心，在与客户交谈时，才会表现得落落大方，胸有成竹。不仅如此，销售人员的自信也会感染、征服客户，最终促使销售成交。

### 2. 对销售职业有信心

在我们的周围，有不少销售员羞于将自己的职业告诉他人，他们看不起销售这一职业，当然也看不起自己。这样一来，他们的内心就会感到压抑苦闷，工作的积极性就会降低。正如盛田昭夫所说的一样，销售对任何一个企业来说都犹如命脉，而销售员正是这条命脉的缔造者。销售员要正确认识销售这个职业，对这一职业充满信心，把它看作一项伟大光荣的事业去做，这样在面对客户时，说起话来才有底气，做起事来才有干劲。

### 3. 对企业有信心

"销售员代表公司"这样的语言经常在各大场合被使用，它直接点明了销售员所扮演的角色。销售员的特质就像一个外交官代表国家从事外事活动一样，不但频繁与客户接触，更是代表了公司的一种形象。正因如此，销售员一定要对自己所在的公司有信心，相信你所选择的是一家优秀的公司，是一家有前途的公司，是时刻为客户、用户提供最好产品与服务的公司。只有这样，销售员在向客户介绍公司和产品时才会有积极的心态，才会把好的信息带给客户，让客户对你和你的公司有信心。

### 4. 对产品和服务有信心

在产品和服务高度同质化的今天，同类产品在功能方面没有多大的区别，只要公司产品符合国际标准、行业标准或者企业标准，就是合格产品，也是公司最好的产品，一定可以找到消费者。无论是销售哪一种产品，销售员一定要在心理上彻头彻尾地认为：自己所销售的东西是最好的，只有这样你才能够将这种意识传达给客户，一举攻破客户的心理防线。

告诉自己，下一个百万大单就是你的。唯有这样的心态，并把它展现给客户，让客户信赖你、欣赏你，才能达到征服客户的目的。

第二章

# 道要正，基要实，百万大单
# 始于对营销的正确认识

有的人做不好营销，认为是营销太难做。其实，营销同任何事情一样，并无所谓难做与易做之分。只不过因为一开始的认识就是错误的，当然就会一错再错。古人云，名不正则言不顺，言不顺则事不成。认识错误，无疑属于方向性的问题。

## 正确地认识营销，把营销当作事业去做

大而言之，其实在人生的舞台上，我们每个人都是销售人员，每个人的一生都要在"销售"中度过。不管你是王公将相还是黎民百姓，志在安邦定国还是仅为糊口，也不论你的愿望是大是小，若想实现自己的目标，就必须具备向他人进行自我销售的能力。一个人，只有通过有效的自我销售，才能实现自己既定的理想，才能取得最后的成功。

21 世纪是一个经济大发展的时代，是一个以多种产品销售为重心的物质消费社会，我们每个人都需要销售，同时也在从事销售，如政治家要让民众接受自己的政见，演员要让观众认可自己的表演，科学家要让社会实践自己的发明创造，凡此种种，无不是戴着面纱的"销售"……一句话，我们无时无刻不在销售着自己的思想、产品、服务、感情等。

某位哲人曾说过这样一句话："每个人都因向别人销售着什么而生活。"由此可见，销售作为一门改变他人思想的艺术，是可以赖以谋生的。我们所从事的销售工作是光荣而伟大的，每一个参与其中的人都应该为此感到无限的自豪和骄傲。

销售的重要性有时甚至超过了产品本身，即使一个产品质量再好，对人们再有帮助，如果没有销售人员的工作，也无法得到广泛的宣传。产品如是，真理亦如是。

当第一部缝纫机问世时，波士顿的百姓非但不相信它的价值，还将它砸得粉碎；聪明的爱迪生虽然能够发明电灯，却无力说服当时固执的人们正眼瞧一瞧；世界上第一列火车上路之时，曾被诅咒为怪兽；莫尔斯发明了电报，却无法让当时的人们相信电波的存在；伽利略在比萨斜塔上做的

自由落体实验有力地证明了物体下落的速度与质量无关，但这并没有妨碍当时的学校沿用亚里士多德的错误观点进行教学……

的确，这些事例告诉我们，好的产品在社会上的普及离不开销售人员辛勤地推广。就美国来说，可谓一个销售王国，销售人员数量众多，受到很高的礼遇，还有数不清的销售员协会和组织。有人把美国的强大与繁荣归功于销售人员，设想说：如果美国所有的销售人员全部罢工，那么美国的经济马上就会瘫痪。

日本的推销大师原一平说过："我拼命工作不是为了三餐。人生就是一连串面临克服挑战的过程，克服了一个挑战，再面临另一个新的挑战，再去克服它，在这连续不断挑战的过程中，我获得了人生最大的快乐！"

这就是他做销售的动机。抱着这样一个态度来对待自己的工作，还有什么困难不能克服呢？

美国富翁洛克菲勒在给儿子的信中也说："收入只是你工作的副产品，做好你该做的事，并出色地完成你该完成的事，理想的薪水必然会到来。而更为重要的是，我们辛苦工作的最高报酬，并不是我们眼前所获得的，而是我们因此会成为什么样的人才。那些头脑活跃的人拼命工作绝不只是为了赚钱，使他们工作热情得以持续下去的目标比薪水更诱人也更高尚——他们是在从事一项迷人的事业。"

营销活动是分境界的，境界自然有高低之分，不同的境界客户的感觉是不一样的，甚至差别很大。如果观察一下现在的市场，我们会发现同时存在几种情况。第一，我们见得最多的是卖产品，但是卖产品的境界是最低的，每个销售人员都能做到，大家都能做到的事情还能显出你来吗？你有什么能够比别人更强的呢？强不到哪里去。第二，卖品牌。牌子值钱，越是名牌越值钱。品牌会带来很多很多附加的东西，这种附加的东西就不是每个企业、每个人都能做的，区别就出来了，档次就拉开了。第三，卖感觉。很显然，能够卖感觉的企业就更少了，很少有人能做到。最高一种境界是卖希望。卖希望抓的是什么呢？抓的是精神灵魂一层的东西，它都已经近似于宗教信仰了。能够达到这么高的层次、这么高的境界，能够卖希望的，那的确是极少人能够做到的。

这就是说，要把营销当事业来做，而且做到很高的境界，情况就会大不相同。正如特蕾莎修女所说："我做的不是伟大的事情，但我用伟大的爱做每件小事。"

当我们带着伟大的爱做一些"小事"，比如销售，肯定会给我们自己、我们的客户以及我们周围的人带来不同的影响。

## 一定要认清你所营销的产品

产品知识就是推销能力，产品技术含量越高，产品知识对于销售的重要性就越大。销售人员要成为"产品专家"，因为顾客喜欢从专家那里买东西。

一名销售人员首先要了解自己的商品知识，熟悉商品的性能。商品的知识包括商品的起源、商品的制造工艺、商品的制造方法、商品的保养方法，以及与市场上同类商品相比的优势和不足等。只有充分了解了自己的商品，才能够对客户解释清楚。而且对自己的商品越了解，就越容易给你带来其他任何方法都无法比拟的、坚定不移的自信；给你带来新的销售力，使你的销售提升到一个新的高度。

还要注意的一点是，在了解商品知识时，不仅要从自己的角度来了解，更要从客户的角度来了解，要让客户了解自己的产品能够给客户带来什么好处。如果不从客户的角度来介绍商品，即使你说得头头是道，但在客户听来却没有什么意义。为什么？因为他没有需求。要从客户的角度了解商品，这就是我们所说的"知彼"。"知彼"者，就是要对客户的需求、客户的基本情况有一个大概的了解，能够做到有的放矢，只有这样才能够打动客户的心，并最终取得成功。

要了解和认清自己所营销的产品，可以通过以下途径：听——听专业人员介绍产品知识；看——亲自观察产品；用——亲自使用产品；问——对疑问要找到答案；感受——仔细体会产品的优缺点；讲——自己明白和让别人明白是两个概念。

更进一步地，销售人员要在了解产品的基础上做到：找出产品的卖点及独特卖点——卖点即是顾客购买你产品的理由；独特的卖点就是顾客为什么要买你而不买竞争品牌的原因。销售人员对顾客不能说出三个以上买你产品的理由，就无法打动顾客。找出产品的优点和缺点——找出产品的优点和缺点并制定相应的对策。销售人员要找出产品的优点，把它当作子弹打出去，找出缺点，则考虑如何将缺点转化成优点或给顾客一个合理的解释。有时候讲产品的优点，反而给顾客你不诚实的感觉。

此外，还有一个认清自己所营销的产品，进而抓住消费者注意力的问题。

在美国，搞过一次卓别林模仿大赛，真卓别林只得了个第二名，为什么会有这样的结果呢，其实，并不奇怪，评委心中的卓别林的内涵与真卓别林的内涵不同。大家比的不是生物意义上的卓别林，而是滑稽意义上的卓别林，也许，第一名比真卓别林更滑稽。顾客就犹如卓别林模仿大赛的评委，不管你是不是卓别林，我只关心我心中的卓别林。

对于销售人员来说，如何抓住消费者注意力已成为经营成败的关键。不仅在于你的产品是什么，还在于消费者把你的产品看成是什么。像可口可乐等饮料卖了一百多年，仍常卖不衰，就在于对客户的买点有新的认识，然后不断创新产品概念。

曾有一位女士问卖葡萄的人，葡萄是甜的还是酸的，那个卖葡萄的人以为女士大都爱吃甜的，就说葡萄是甜的。不料那位女士正身怀六甲，想吃酸的，于是就没有买。随后，又有一个老者问卖葡萄的人同一个问题，因为前一次的经验，那个卖葡萄的人就改口说葡萄是酸的，谁知老人的牙不好，想吃甜的，所以也没买。

作为营销人员，首先要弄清楚的一个问题是，葡萄到底是甜的还是酸的？问题看来很简单，卖葡萄的人当然应该知道自己的葡萄是甜的还是酸的。但知道了葡萄的真正味道有什么意义呢？显然问题的焦点不在于此。实际上要弄清楚这个问题的关键在于明确"到底什么样的葡萄能卖出去"这一营销命题。于是，"甜"和"酸"都是对葡萄的两种不同定位，二者的目的都是要把葡萄卖出去。

所以说，高明的市场营销人员不是站在技术的立场，而是站在客户的立场认识产品。单从吃的角度来考虑消费者的需求，显然就显得思路狭窄了。

## 客户的需求永远是你销售服务的风向标

营销是发现需求，满足需求的过程。营销归根结底就是努力从消费者中发现需求，并使用公司的资源去满足需求的过程。只有更好更多地发现了消费者的需求，才能很好地满足其需求，包括从产品功能上、价值上、心理上追求更好地满足。

销售就是善于发现和挖掘客户的需求。然后沿着所发现的问题，分析问题，提出解决问题的方案，这样一个销售工作就顺利地完成了。在这一过程中客户的需求和客户的问题是中心，产品只是满足客户的需求，解决客户问题的一种工具而已。销售是一个主动满足客户需求，帮客户克服困难、解决问题、排除障碍的一个职业。

其实，满足客户需求不仅表现在专业方面，还表现在其他方面。

某企业维修服务部的人员接到一位顾客投诉，时间是在一个炎热夏天的下午3点15分。投诉内容是使用该企业的空调不制冷，要求尽快检查原因。3分钟后，维修人员出现在顾客的面前。这位顾客感到很惊奇，速度为何如此之快？维修人员说，空调在夏天的利用率极高，为了尽可能减少顾客的损失，公司决定在销售量较大的街道小区设立巡防队，以便在最短的时间内服务好客户。

我们且不说空调故障的原因，仅凭这服务的指导思想和服务态度，就足以令客户感动。

小米手机的老总雷军演讲时讲到了海底捞的服务。他说，我有一次在机场买了一本书《海底捞你学不会》，我觉得我学会了，为了验证我学会了，我还专门吃了几次海底捞，去完以后真的叹为观止。

我最震撼的是什么？海底捞的装修很一般，店的位置也很一般，但是对于我来说却有一点点非常不一样的感受，那就是它的服务员非常热情，非常亲切，让你觉得整个餐馆都很好。最重要的，就是海底捞的口碑非常强大，强大到什么程度呢？

网上有一个段子，说去海底捞吃饭，吃完饭人家上了一个果盘，果盘里的西瓜没吃完，结账的时候问服务员能不能带走，服务员说不能带。其实很多餐馆都说是不能带的，结完账以后这个服务员送了整个西瓜给他，说切开的西瓜带回去不卫生，我给你整个西瓜得了。所以我每次去海底捞吃饭都想打包一个西瓜。

其实它讲的是超预期，就是你要的不过就是剩下来切开的几块西瓜，人家给你整个西瓜，是不是远远超出了你的预期？

网上还有一个段子：某人跟朋友去吃海底捞，吃完把剩余的菜打包后，想装点调料走，服务员说调料不可以打包的，心想算了，没想到过了一会儿，服务员拿了一杯封好的调料给他，当时他也没觉得什么。上洗手间路过前台，看那个服务员从自己身上掏了10元给收银员，他就觉得奇怪，问收银员为什么，对方回答说是服务员自己掏钱买的调料给他的！当时他真的不知道该说什么好了……这种服务，在中国肯定比稀有动物还少！

大家为什么喜欢海底捞？因为这里的服务很"变态"。在这里等位有人给擦皮鞋、修指甲，还提供水果拼盘和饮料，还能上网、打扑克、下象棋，全都免费啊！

"这里跟别的餐厅不一样：吃火锅眼镜容易有雾气，他们给你眼镜布；头发长的女生，就给你橡皮筋套，还是粉色的；手机放在桌上，吃火锅容易脏，还给你专门包手机的塑料袋。"

"我第二次去服务员就能叫出我的名字，第三次去就知道我喜欢吃什么。服务员看出我感冒了，竟然悄悄跑去给我买药。感觉像在家里一样。"

每一家海底捞门店都有专门的泊车服务生，主动代客泊车，停放妥当后将钥匙交给客人，等到客人结账时，泊车服务生会主动询问："是否需要帮忙提车？"如果客人需要，立即提车到店门前，客人只需要在店前稍作等待。如果你选择在周一到周五中午去用餐的话，海底捞还会提供免费擦车服务。按照网友的话说："泊车小弟的笑容也很温暖，完全不以车型来决定笑容的真诚与温暖程度。"

如果事先没有预订，你很可能会面临漫长的等待，不过过程也许不像你想象的那么糟糕。晚饭时间，北京任何一家海底捞的等候区里都可以看到如下的景象：大屏幕上不断打出最新的座位信息，几十位排号的顾客吃着水果，喝着饮料，享受店内提供的免费上网、擦皮鞋和美甲服务，如果是一帮子朋友在等待，服务员还会拿出扑克牌和跳棋供你打发时间，减轻等待的焦躁。

大堂里，女服务员会为长发的女士扎起头发，并提供小发夹夹住前面的刘海，防止头发垂到食物里；戴眼镜的朋友可以得到眼镜布；放在桌上的手机会被塑料袋装起以防油腻；每隔15分钟，就会有服务员主动更换你面前的热毛巾；如果你带了小孩子，服务员还会帮你喂孩子吃饭，陪他/她在儿童天地做游戏。

抻面是很多海底捞老客户必点的食物，不为了吃，就为了看。年轻的师傅会把4元一根的抻面舞得像艺术体操的缎带，还不时抛向某个客人，表演欲极强。

餐后，服务员马上送上口香糖，一路遇到的所有服务员都会向你微笑道别。一个流传甚广的故事是，一个顾客结完账，临走时随口问了一句："有冰激凌送吗？"服务员回答："请你们等一下。"5分钟后，这个服务员拿着"可爱多"气喘吁吁地跑回来："小姐，你们的冰激凌，让你们久等了，这是刚从易初莲花超市买来的。"

所以，口碑的核心不单单是好产品有口碑，或者又好又便宜的产品有口碑，有口碑的其实是超出消费者的预期！想想看，如果我们的销售人员都能如此这般地满足客户的需求，那么效果怎么能不好呢？

## 用一颗服务于客户的心面对客户

做销售就是做服务，综观世界上最成功的公司以及最成功的销售人员，也是最关心顾客、服务质量最好的公司和销售人员，比如戴尔、顶尖销售员乔·吉拉德等。

世界上最伟大的推销员乔·吉拉德说："销售游戏的名称就叫作服务，尽量给你的顾客最好的服务，让他一想到和别人做生意就有罪恶感。"

乔·吉拉德在每个月都要寄出1400张卡片问候函，一年就是16.8万张，他花费在邮件上的费用比一般推销员要多出许多，为什么他这样做？因为他要告诉顾客一件事：乔·吉拉德喜欢他们。这值得吗？一定值得，每天有65%的老顾客就因为问候函的缘故和他做生意。

乔·吉拉德说："事实上，重点并不在于你销售什么东西，当你真的想要服务于你的顾客时，他们会感觉得到，而你也会因此避免顾客拒绝购买你的产品的现象。"

业绩好坏的差别，不在产品本身，服务才是主导因素。如果你服务良好的话，当你从事销售工作两年以后，你的生意将有 80% 来自现有顾客；反之，无法提供良好服务的推销员，绝对无法建立稳固的顾客群，也不会有良好的声誉。

接到订单只是个开始。在今日的商业世界中，不做售后服务的人，可以说完全没有生存的空间，良好的售后服务是销售的一部分，体会不到其重要性的人注定要失败。

从另一个角度讲，营销其实就是营销消费者的心。如果商家能够把消费者关怀到暖心，就算消费者此次不买你的产品，他都会记住你，他会记住你的真诚，你的关怀。下次有需求时，他会第一时间找到你。

下面来看一个故事。

某客户在一天下午5点钟洗衣服时，发现洗衣机出现了故障。这家洗衣机的维修点接到电话投诉时答应半小时内赶到。在接听电话时，无意中听到了客户孩子的哭闹声："妈妈，我痒，我痒。"这时客户妈妈回答道："你不要哭了，越哭痱子越多，等会儿妈妈给你去买痱子粉。"半小时内，维修人员来到了这个客户家，顺便对客户说："不用去买痱子粉了，我已给你带来了。"这位客户不解地问："你怎么知道的？"维修人员说："是我在电话里听到的。"客户这才恍然大悟，心里充满了感激。当时因洗衣机故障的不快心情一下子晴朗了起来。

这个故事，显然和产品本身有关，所做的服务也与产品价值关系不大，甚至根本无关。可是正是这样的服务，不仅赢得了客户的信任，更使客户有一种精神上的满足。以后会怎么样发展，不用说我们也能够判断了。

当然，服务也是有境界之分的。而把服务从无形变成有形，再从有形变成无形，这就是服务的最高境界。有些销售人员做服务的时候，总是抱着一种要表现自己，或者屈尊自己，这样的服务显然是有问题的。

说穿了，做销售就是做服务。如果你想成功的话，请问你的服务做得好吗？所以，你现在赚不到钱只有两个原因：一是你服务的人数不够多；二是你服务的品质不够好。不要总是推销产品，而是思考如何给更多的人提供更好的服务吧。

我们可以进一步思考，销售是什么呢？销售无非就是让企业的成果，具体地转变为满足顾客的需要，服务于顾客。所以销售就是服务，而服务就是爱。

张瑞敏说："用户的抱怨就是企业最好的礼物。"

用户的抱怨能帮助我们修炼自身，能帮助我们改进产品和服务，这正是顾客送给我们的最好礼物。

星巴克公司经常派出秘密顾客，检查所有服务标准是否得到遵守。不论出现什么情况，星巴克都奉行"只需说是"的做法。即便客户偶尔点错了饮料，也可以获得免费的饮料券。

星巴克的信条是：体验出色的服务就像喝好酒一样，一旦品尝过陈年美酒，你就会觉得10元一瓶的酒简直难以下咽。

所以，星巴克总是竭力让顾客体验最好的——最好的产品，最好的服务。当顾客体验到出色的产品和服务时，他们就会开始领悟并欣赏公司已经建立起来的产品制度和服务制度，并成为公司永久的忠诚顾客。

用心才能换心，用爱才能换爱，用爱的服务才能换来爱的忠诚。古希腊诗人西塞罗说："付出你的爱吧，让它生根、成长，这样你才能收获果实啊！"

不论是企业还是销售人员，当顾客说很好了，你还要更好；当顾客说很棒了，你还要更棒！

## 扮演起客户顾问的角色

现在提出这样一个问题，就是销售过程中销的究竟是什么呢？

已经有很多高人给出了答案，那就是："自己。"

世界汽车销售第一人乔·吉拉德说："我卖的不是我的雪佛兰汽车，我卖的是我自己。"

的确如此。不管你如何跟顾客介绍你所在的公司是一流的，产品是一流的，服务是一流的，可是，如果顾客一看你的人，像五流的，一听你讲的话更像是外行，那么，一般来说，客户根本不会愿意跟你谈下去。

如果扮演起客户的顾问的角色，我们的服务就会更加贴近客人的需求。

对于企业来讲，做客户的顾问，应该是千万条实现人性化道路中的一条。为了解决产品或服务选择的多元化，与消费者的相对理性之间的矛盾，就需要每一个服务人员有一个"顾问"的意识。如何理解"顾问意识"？打个简单的比喻，假如你去一家服装店购买衣服，店内的服务员对你不闻不问，不给你介绍哪些是新款，哪些适合你，估计你多半不会购买那家店的东西，甚至会非常恼火，服务员怎么这么冷淡！这个就是没有"顾问意识"的服务。而逛超市这个生活细节，其实也算是一个没有"顾问"的消费过程。自主选择的过程很享受，但是付账的时候估计很多人会叹息，因为很多东西是我们不需要的。

以酒店行业为例。

酒店行业肯定不可能是"聋哑"服务，客人进入酒店，大多数对酒店的产品（客房、菜肴等）不熟悉，对某个阶段的特殊情况不了解。如果酒店的服务人员能够根据入住人数、入住时间、客人的生活习惯为客人量身推荐一个合适的居住方案，能够根据客人的口味喜好、酒店菜肴特色推荐一个合理的用餐方案，客人就会为酒店的细致的软性服务备感亲切，从中就能感受到酒店服务的人性化。一句简单的"您看这样可以吗？"不仅是一句亲切友好的询问，更体现出了自身服务的专业性。

而大部分企业都希望自己的销售人员具有比较扎实的专业知识，特别是具有一定技术含量的产品销售更是如此。

顾问型销售之所以为顾客所喜欢，主要是因为，客户普遍对掌握专业知识的销售人员有较强的信任感。客户不会将他们简单的看成是一个只会挣钱的销售人员，而是会将他们当作专家来看待。比如，很多IT行业的售前工程师就是这种类型，在某种意义上看70%以上的工作就是销售，那为什么不直接称其为销售呢？原因就在于售前工程师更像个专家，容易被企业接受。在多数需要一定技术能力的企业中，顾问型销售人员在市场上更加容易成功，而且普遍客户质量好、信誉较高。

顾问型销售人员可以依靠自己的专业知识和沟通能力，在产品和用户之间架起一道桥梁，让用户可以更加准确地了解掌握自己公司的产品，从而得到满意的服务。要知道，用户表面上看起来是购买产品，本质上是购买服务。比如，你表面上是要买一个空调，本质上是要买一个随时能够制冷制热的服务。如果没有专业知识丰富的售货员，根据你家住房面积、房型、人口、收入等因素来为你推荐一个功率合适、性价比优良的型号，你在商场还不头大如斗？你还希望他能够察言观色知道你心中所想，并且简明扼要地在5分钟之内把这款空调你最有可能用到的先进功能给你讲解清楚，这样你就可以不用去翻那厚厚的说明书了。如果一款漂亮的空调配了一个优秀的售货员，其销量肯定比旁边那个同样漂亮却配了一个一问三不知售货员的空调高一倍以上吧？所以，销售人员的职责一方面是帮助用户得到满意的服务，另一方面是大大增强用户的购买欲望，从而提高本公司的市场份额，为客户和公司创造双赢的效果。

## 给客户解决问题，客户才能帮助你解决问题

有问题才有销售，销售的目的就是帮助客户解决问题。客户不了解产品的特点和功能，但是对能够解决自己的问题、减轻自己痛苦的功能却十分感兴趣。销售的重点在于关注客户的痛苦或他们渴望解决的问题，而不是你的产品。只有为客户着想，很好地帮助客户解决问题，客户才会接受

你、信任你、欢迎你。

　　查理德是个很有闯劲儿的年轻人，他在 25 岁的时候就开办了一家讨债公司，但是，公司虽然成立了一段时间，但一直没有什么大客户，这让他苦恼得很。查理德知道，要想在竞争激烈的市场中求得生存与发展，没有大客户是不行的。于是，他决心攻下自己所在地区的银行成为自己公司的大客户。

　　提到这个银行，查理德就想起了高登先生。高登是银行的部门经理，他们曾经在一次朋友聚会上认识。想到这里，查理德就给高登打了一个电话："如果我想做你们银行的生意，应该去找哪一位呢？"

　　"找卡特就可以了，他专门负责这事儿。"

　　"那么介意我提您的名字吗？"

　　"当然不介意了。"

　　在谈话中，查理德知道，卡特先生最看重介绍人，如果没有人介绍，任何找他做业务的人他都不会接见。

　　于是，查理德就给卡特打了电话，电话刚接通，查理德不等卡特发问，就抢先告诉他说："我是高登先生的朋友，是他介绍我来找您的。"可以说这句话对接下来的谈话非常有效，说了几句后，他们就约好了会谈的时间。

　　然而，会谈并不像查理德想象中那般顺利。卡特一见到查理德就说："现在我手中的讨债公司已经有很多了，有许多公司已经花费很长的时间向我极力销售，并宣称自己的服务是最好的。请问，你的公司有什么特别之处吗？"

　　查理德想了想，说道："目前所有的讨债公司都是采取业务提成的办法，最高的达到30%，这对你们来说，是相当大的一笔费用。我们公司将不采取这种办法，我们对每一笔债务只收取一个固定的费用，而且这笔费用并不高。"

　　然而，卡特对这个并不感兴趣，他摇了摇头。但碍于高登的面子，他还是与查理德闲聊了一会儿。

闲谈中，查理德知道了该银行的讨债业务只有10%由讨债公司处理，另外90%都由银行自己的讨债部门来处理。此时，查理德话锋一转，不再把自己与其他讨债公司比较，而是谈起如果用自己的讨债公司来处理这些债务，相对于银行自己来追讨的话，要节约很多的费用。

卡特听得很入迷，看得出来，他对这个很感兴趣。

查理德心中暗喜，接着就问了卡特几个关于银行管理的问题，试图从回答中再获得一些信息。从卡特的回答中，查理德了解到，该银行现在面临着人员膨胀的问题，他们必须在业务繁忙的季节多雇用20%的人，3个月之后又把他们解雇。

"您想想看，因为业务量大，贵行需要雇这些人，雇来后还要负责培训这些人，好不容易培训完了，到最后还得解雇这些人。每一个环节都要花费大量的费用，这实在不划算。"查理德继续说道，"我建议贵行试试'资源外购'的办法，这样做不仅节约资金，而且效果也比较好。"

卡特听了很高兴，就同意交给查理德1000名平均欠款为3000美元的客户，先试试他的方法。就这样，查理德顺利地得到了一笔300万美元的大订单。

简单地分析一下就会发现，在会谈刚开始的时候，卡特并没打算给查理德任何订单。但随着会谈的深入，查理德了解了客户的难题，站在客户的立场上考虑问题，并提出了自己解决困难的办法，为客户节省了费用，从而轻易地获得了一笔大业务。

可以说，能为客户着想，是销售的最高境界。当客户意识到销售人员在想方设法、设身处地地给他提供帮助时，他会很乐意与其交往，更乐意与其合作。

# 第三章

# 小订单靠勤奋，大订单靠营销策略与智慧

同等水平下，无疑是谁勤奋谁成功，如果水平不同，那么显然是谁有智慧谁成功。所以，做大订单单靠勤奋是不够的，还需要境界先上去。有境界才有智慧，有智慧自然会有因时、因地、因人制宜的策略。

# 千万不要把大订单的希望放在运气上

看到过一篇有关销售靠运气的文章，其中说，作为销售人员，比如，公司让你去扫楼，面对一栋楼里的成千上百家潜在客户，你拥有了勤奋和技巧，把整个楼全摸了一遍。但事实上这栋楼里的确有个非常有需求的客户，可正巧在你接近这个客户的时候，他的负责人去洗手间了，结果你没有碰上，你无法获得相关信息，因此错失了一个有潜力的客户。

还有，你在做大单的过程中，面对一个很复杂的客户，那天你约了老总谈非常重要的事务，正好遇到路上出了车祸。结果，你被堵了半个小时，老总没见上不说，业务也丢了。

相反，有时候运气常常帮助了你。比如，某天一个客户打电话到你们公司询问产品情况，秘书正好去洗手间，你接听了电话，于是你跟踪了这个客户，而这个客户正好是一个潜在的大客户。如果不是你接听的，有可能秘书就会把他转给你们老板，而你们老板有可能把他分配给了别人。

还有，那天你去拜访客户，正赶上股票上涨，客户心情非常好，热情地接待了你。而正好他的老板也在公司，于是把你介绍给了他老板，你由此建立起了一个非常重要的客户关系。

按照文章的观点，能否拿下大订单，全靠运气说了算。当然，销售人员欢迎好运气，不欢迎坏运气。但是机会的来临，可以出自偶然，但当事人必须及时利用机会，才能取得良好效果。还有，如果总是把希望归结为运气，那就彻底否定了真正的因果关系。事物的发展，有因才有果，有果则必有因。

比尔·盖茨说得好，对于一个年轻人来说，"你不会一离开学校就有百万年薪，你不会马上就是拥有公司配属手机的副总裁，二者你都必须靠努力赚来。"

那么，营销到底靠的是什么呢？说来谈去，最终落在两个关键因素上：勤奋和用脑。

以下内容是一位营销人的实践体悟。

记得还在学校的时候，营销老师每每都会说起一个基本常识：做营销工作一定要踏实、勤奋，怕吃苦、偷懒是不会有好的业绩和收入的。于是，从踏入营销工作岗位分到了自己的市场后，就一天天地跑，一遍遍地跑。到最后，市场熟悉得不能再熟悉，可是始终不知道市场的提升空间在哪里，因为我们面对的都是老市场，而不是空白市场。

当然，在兢兢业业的市场调研和客户沟通过程中，按照区域经理给出的指示一成不变地维持着原有的销量，也获得了一份还算丰厚的工资待遇。本来觉得营销就是应该这样做的，勤奋地跑下去，不用多么负责的思考。至于思考市场发展和规划定位、业务开发方面的问题，那应该是总部和领导的事情。直到两年后一起进企业的另外一位同事荣升为分公司经理，才忽然觉得是不是这样的方法需要改变呢？面对自己的区域市场，勤奋的只用体力劳动和喝酒吃饭维持正常的销售合作关系，捡拾客户给自己的施舍。市场虽然没有什么大的波动，也没有获得什么有效的提升，自然得不到公司和领导的青睐。

勤奋的营销人员错了吗？没错。只是过于迷信体力和前者留下的老方式、方法，最后没有从其他人中脱颖而出罢了。

当然，我们在市场中也会看见这么一群人：很少背着包到处跑，挨门挨户搞推销；而是在经过较为详细的市场调研和了解过后，掌握所负责区域的基本情况后，迅速根据自己产品的情况、当地渠道情况、目前已有的客户资源情况以及公司给予自己的所能利用的其他一切资源，先规划工作方向和方法，再有针对性地展开工作，往往都取得了很不错的效果。

为什么看似"偷懒"的人，最终的结果是挣了钱、赢了市场呢？原因很简单，因为他们是在用脑子来思考，全面规划做市场，效率自然得到保障。

可见，营销是一门学问，它涵盖了很多内容。光靠学习一点理论知识和勤奋的工作态度是不能取得巨大成功的，还需要我们明确其中的技巧和方式。用脑，合理规划和市场整理，距离成功就不会太远了。

## 你要记住大客户采购都有自己的计划

很多销售人员一旦发现大客户，马上就抄起电话联系或转头就带上资料登门陌拜，这样很可能因为准备不充分而被客户拒绝，白白浪费了宝贵的客户资源。

一般来说，大客户采购都有自己的计划，甚至采购的每一个步骤都有严格的流程。所以，销售人员必须了解客户的采购流程和客户在每个采购流程的行为，这是制定销售策略的基础。

在采购流程的每个阶段，客户都会采取什么行动呢？

### 1. 发现需求阶段

任何一个采购都基于采购者的需求。当客户意识到他需要解决某个问题时，这时客户已经进入采购的第一个阶段了。当然客户不是每次都要通过采购来满足需求，如果客户有替代方案，客户是不愿意从口袋里掏钱采购的。此外，客户往往不会一旦发现采购需求，就立即采购。家庭主妇发现天气越来越热也许是上一年的事情，但采购空调是后来的事了。在这个阶段，销售代表应该将注意力集中在各个使用部门上，留意他们是否有新的采购需求，此时销售代表可以采用展会和技术交流中的反馈表找到客户需求。

### 2. 内部酝酿阶段

发现问题的人往往不是决定可以进行采购的人，每个客户内部都有一个申请采购的流程。例如，当一个报社信息中心主任发现服务器的处理能力不能满足需求时，他需要申请资金进行采购，而企业对于动用资金都会非常谨慎。这个阶段对未来的采购将产生重要影响，因为这时客户将确定预算、采购时间、采购形式和采购负责人。这个阶段将决定客户下一步的采购计划。超级销售代表在这个阶段就开始尽力将竞争对手挡在外面，而且销售代表至少要在这个阶段了解客户的采购流程、预算，并找到决策者。销售代表这时需要注意客户的采购部门和使用部门，他们会确定未来的采购流程。

### 3. 系统设计阶段

通常解决问题有多种方案，客户会根据自己的实际情况进行设计。非常重要的是，客户设计方案通常需要了解构成方案的产品的情况。此时，客户可能开始与厂家联系，取得相关的资料。系统设计对销售造成影响的是采购指标的确认。由于系统设计阶段往往是由使用部门与技术部门一起进行的，销售代表应该将注意力集中于这两个部门。

### 4. 评估和比较阶段

这个阶段是销售代表进入竞争白热化的阶段，其与竞争对手短兵相接。在系统设计以后，客户将开始比较各个供应商提供的不同方案。评估的核心是谁的方案最能够满足客户的采购指标。如果销售代表没有在系统设计阶段影响客户的采购指标，销售代表将面临激烈的价格竞争。在这个阶段，销售代表有几种竞争策略可供选择，策略能否奏效的关键在于销售代表是否与客户的决策者建立良好的关系。这个阶段，销售代表最应该关注决策者。决策者通常是客户的高层行政主管或者使用部门的管理者。

### 5. 购买承诺阶段

客户不会只与一个厂商进行谈判，这样客户不太容易得到好的承诺，因此客户通常选择多个厂家进行谈判。在艰苦的谈判阶段，客户对厂家的配置、价格、服务承诺和付款条件等进行分析和比较，确定自己可以得到最优惠的技术和商务承诺。

### 6. 安装实施阶段

签订合同后，客户对供应商的态度将大为转变。在实施阶段，客户需要供应厂家全力的配合。这时供应厂家将要生产、测试、运输、安装和调试产品或设备，开始漫长的使用期。由于客户态度的转变，销售代表在这个阶段最容易与客户建立良好的关系，所以，销售代表应该在这个阶段去拜访客户的高层主管，倾听他的意见，解决他的问题。这时销售中最重要的、最关键的，即与高层主管的关系就此建立起来。

正是在这个基础上，才可以建立起对应的销售流程。由于客户在采购流程中的不同阶段关心不同的要求，因此销售代表在不同阶段有不同的销售步骤。

## 靠腿靠嘴，你很难真正打动大客户

相关资料显示，世界上80%的富翁都曾经做过销售员，但大部分的销售员却终其一生，碌碌无为。前者如今功成名就，后者却仍然为了生计在不停地奔波。是什么造成了他们之间如此大的差异呢？

高尔基在《在人间》里，有一段两家店铺推销圣像的情节：一家店铺的小学徒没有什么经验，只是向人们说："……各种都有，请随便看看，圣像价钱贵贱都有，货色地道，颜色深暗，要定做也可以，各种圣父圣母都可以画……"尽管他推销得声嘶力竭，可是仍然鲜有人问津。

另一家店铺的老板同样也是在叫卖，可他的说法却截然不同："我们的买卖不比羊皮靴子，我们是替上帝当差，这当然比金银珠宝贵，是无价之宝……"结果，许多人都情不自禁地被吸引过来。

同样是销售圣像，结果怎么就如此不同呢？这就是用心的差别了。

小学徒没有经验，只能用平淡、刻板、冗长的语言平铺直叙；而老板则老到许多，他针对基督徒敬仰上帝的心理，把自己说成是"给上帝当差"，用心独到，自然更受欢迎了。

  LV（路易·威登）专卖店，一位年轻的女士看中了当季最新的一款皮包，价值3万元，喜欢得不得了，正准备付款，突然又犹豫了，便问导购小姐："我是不是太冲动了？"

  导购小姐陷入了两难，如果承认她冲动，那么是否意味着她就应该再深思熟虑一下呢？如果否定这是冲动，这不是明显与事实相悖吗？

  可她毕竟是久经考验的销售高手，于是沉着地回答："当然是冲动了！哪个买LV的不冲动呢？可LV就是打动人心。您有为您冲动埋单的财力，可有多少人有这个冲动却没有能力支付啊！拥有这款皮包就是一种豪华的冲动，喜欢才是真的，您说对吗？"顾客边听边频频点头，连连说对，于是毫不犹豫地付了款。

如果这位导购小姐在回答时不用心，而是按照顾客的思路走，那么不管她答"是"或者"不"，这桩买卖恐怕都做不成了，而她，却凭借自己用心的解释，使这次"不可能的任务"变为了可能。

所以说，靠腿靠嘴，是很难真正打动大客户的，关键是要用心。用心才能准确细致地把握客户的真实心理状态，否则就很容易陷入自以为是的泥潭。

看不透客户需求，就很难得到强有力的支持。说服对方，就要有针对性地满足对方的需求，才能产生认同心理。要进入商品介绍说服之前，除非你通过事先的调查，已经掌握客户目前现况和需求，不然的话，就需要先完成"询问"的工作，找到客户"需求所在"，才能够引导你和客户朝正确的方向进行沟通交流。

如果没有了解"客户的需求"，就直接进行商品介绍说服，胜算的概率只有50%，不是老天爷眷顾你，让你签下订单，就是白干活，徒然浪费你宝贵的时间和感情。

超级业务员都懂得，在互动过程中反复使用"询问"的技巧。销售过程中想不断得到一些实用的信息，最有效的方式就是用心去"询问"。

"询问"的目的是希望对客户的需要有个清楚的、完整的和有共识的了解。这当中涉及三个关键词："清楚""完整"和"共识"。

如果不清楚对方具体需要，就会一厢情愿地或胡言乱语地说，很难打动对方。唯有知道客户的具体需要，以及这个需要对客户为什么重要，才不会乱枪打鸟，没有说到重点。

如果信息完整，就不会"无的放矢"，知道"投其所好"，推荐什么好处和价值。在"询问"时，销售人员要时刻清醒地去了解客户"需要背后的需要"，才能对客户的需要信息做到完整性。

由于客户的需要是多元性的，这就需要进一步了解哪一个需要对他是最重要的，也就是需要的优先次序，你才知道要推荐什么好处和价值，去说服客户。

如果没有共识，驴唇不对马嘴，就是自说自话。"猜"客户的需要，非常不容易把握客户的需要，只有透过用心"询问"，从客户的嘴中说出来的，才是真的，才是最准确的。这样在双方有"共识了解"的情况下，才能确保你根据客户的需要所提的建议、推荐是有针对性的。

## 学会用脑做事，制定出相应的营销策略

营销不仅是一份技术性工作，也是一份智慧性工作。既然是一份智慧性工作，就要用心，就需要在不同情况下制定出不同的营销策略。

大家可能都知道下面这个营销故事。

在1915年的巴拿马万国博览会上，我国的贵州茅台酒由于包装简单，备受冷遇，好酒却未能引发人们的厚爱。

眼看就要无功而返，情急之中，中国参展人员在展览大厅里故作失手，将一瓶上好的茅台酒掉在地上。随着酒瓶砰然碎裂，酒香也散溢出来，引来一群外商的叫好声。这一记奇招征服了外商，也征服了

巴拿马万国博览会，茅台酒荣获了大奖，从此走向了国际市场。

这就是一个相当机智，也相当高超的营销策略。可见，有的时候，销售人员除了必备的基本功之外，还应该随机应变熟练地使用营销策略。当然，任何销售策略都是针对客户的人心的。所以，针对不同的客户心理，可以采用不同的销售策略。但是原则上，应该特别强调人性化和人情味的价值观，向传统中国式营销学习。

### 1. 血淋淋何如情脉脉

我们不妨来做一个比较。传统美国式营销中的细分、目标、定位，遵循的是将消费者当靶子打的思路。如果说传统美国式营销是将商场当战场，攻城为上、血淋淋的直接模式，那么相对而言，传统中国式营销则是将商场当情场，攻心为上、情脉脉、拉圈子的迂回模式。

菲利普·科特勒的营销理论最能体现从天到地、从外到内、从大到小的美国企业家精神。比如常见的营销决策过程，企业先基于大环境、小环境、企业、顾客和细分、目标、定位进行分析、判断、决策，然后通过产品、沟通、渠道、价格落实到与消费者和生意伙伴的交往上。

遵循这个思路，许多美国公司进入一个新市场时，往往是大处着眼，小处动手。就像当年宝洁进入中国市场一样，对城市市场先划分区域，然后天上轰（全国性广告铺天）、地上攻（区域渠道盖地）。对农村市场则用现场大屏幕展示产品，同时结合演示、赠品、抽奖、答疑等方式促销。几年下来，宝洁就将旗帜插到了中国大部分城乡日用品市场上。

相比之下，许多传统中国生意人的思路与历程从一开始就与他们的方式相反。大多数企业家在做营销、品牌时，总想着建立并扩大圈子，尽量争取和保护自己人的利益，并将和谐看作重要的评判标准。所以中国人的生意，包括许多大生意，往往在父老乡亲的帮助下起步，其发展奠定在"一个好汉三个帮"的基础上。如果以人性化和人情味的思路来做营销，营销的过程和效果显然会不同凡响。

### 2. 讲究与顾客的关系

顾客可选择的商家很多，他们愿意同我们做生意即是"赏脸"，同我们做朋友则是"给面子"。那么，销售的待客之道应该怎样呢？

"先交友，再办事"，这是中国文化中的人之常情之一。只有"先建交情，再谈交易"这种自然而然的方式，才能让人心里踏实，才能有生意之"长情"。情在理先，礼让三分。只要我们努力，素不相识的客人也可以成为铁哥们、铁姐们。具体怎么做呢？首先是善待过客，并把他们当成我们的捧场友；其次是让利而非欺骗，通过付出、利人而达成互利、互信，让顾客日久生"意"，变成常客，进而"意"久生"情"，成为铁哥们、铁姐们。

但现在很多人的待客之道，都太过精明，不够聪明，结果是获得了短期利益，丧失了长期价值。老子说："明白四达，能无知乎？"意思是，一个人能够大彻大悟，而不自作聪明吗？也应该给我们以启发。

### 3. 把握"三合"才能做好生意

今天做生意，除了要合情（事无巨细，件件有情，对得起良心）、合理（无时无地，理字当头，对得起天地），还得合法（所有权要明晰，经营运作要规范），把握好这"三合"才有可能做好生意。

中国消费者习惯按照"情、理、法"的顺序标准来评价商家的行为：相对于违法行为，消费者对违情行为的评价更差。因此，纵使有一流的技术和可靠的产品，但不懂得做人，也无法赢得消费者。不懂世故人情的销售人员，成功的可能性很小。

## 大客户营销策略制定的影响因素

在大客户营销的过程中，首先要分析客户的背景和现状，针对客户存在的问题确定销售的目标；然后考虑可能选择的营销策略。通过分析，确定要采取的营销方式，制订出行动计划，并且坚决地贯彻执行。

在大客户营销里面，有六个关键的要素，需要营销人员加以注意。

一是营销人员要明确谁是购买的影响者，即客户对于购买的决策者有哪些特征。

二是要明确自己在营销中的强项。在销售时，要时刻注意可能存在的问题。一旦发现了问题，首先要标明问题所在，然后利用自己的强项解决问题，确保营销能够成功地进行。

三是要注意反馈的模式。在与客户沟通交流的过程中，时刻要注意客户的反馈，从客户的反馈中不断验证自己原先对客户的判断，最终得出是否能够针对这个客户进行成功营销的结论。如果不注意客户的反馈，营销人员往往在付出了大量的精力和时间后，却得不到想要的结果。

四是要明确赢的标准。包括自己赢的标准以及客户赢的标准。只有明确了客户赢的标准，才能成功地与客户进行交流和沟通，从而实现成功的销售。

五是明确理想型的客户。在面对众多类型的客户时，营销人员要善于判断哪些是理想型的客户。只有这样，销售才能够有主有次，有更大的机会取得成功。

六是漏斗原则。营销人员在面对企业下达的高额销售指标时，往往感觉要完成比较困难。在这种情况下，销售人员既不能不顾客观困难，硬着头皮接受任务，也不宜轻易地要求企业降低销售指标。正确的方法是，营销人员要与企业进行"讨价还价"，向企业合理地要求更多的资源，以确保自己能够按时按量完成任务。

实践证明，好的营销不仅能使企业在某一桩销售中胜出，把产品成功地卖给客户并且使客户满意，而且能够通过这个客户带来更多的客户，取得更大的销售业绩。要实现这个目标，全面细致地了解客户是至关重要的。不仅要了解客户的需求，了解客户的心理，而且要了解在即将进行的项目中，客户企业决策者的构成甚至每一个决策者个人的详细情况，包括此人最关心的问题、做出决策的标准等。清楚地了解这些情况，才能有针对性地与客户决策者展开接触，与客户进行交流和沟通。

因为，营销的真正本质就在于营销人心。

# 善于发挥策略的影响力

　　做销售是和人在打交道，了解需求和交流很重要。如果你认为知道客户需要什么，是个大难题，但是你又没询问过客户需要什么，那么你又怎么能知道客户需要什么呢？你又怎么能说到对方的心坎里，感动对方，甚至化解对方的反对意见，打破僵局，赢得销售的机会呢？的确，猜测客户需求，肯定不如"询问"客户需求。

　　当然，销售的过程总是充满障碍的，所以，当客户对产品不了解、不关心时，我们可以用策略询问法，有方法、有技巧地进行沟通应对。比如，利用现有问题进行询问。目的是了解客户的现有状况和可能存在的不满及问题，以建立背景数据库（收入、职业、年龄、家庭状况……），才能进一步导入正确的需求分析。

　　客户不买你的产品，原因之一就是对你的询问相当反感。因此你对客户"现有状况"的询问不要太多、太繁杂，要少而精，才是上策。

　　如果对方是"法人"，你最好先通过网站、公开报道数据、查阅客户行业的历史，或利用间接途径和一些原先的档案，做好充分的准备，然后加上你的经验，除掉一些不应该问的问题，经筛选过滤找到一个合适的问题点，作为"现状问题"询问的开始。比如，利用发现困难问题进行询问。目的是探索客户隐藏的需求，使客户透露出所面临的问题、困难与对现状不满的地方。

　　询问客户的困难点，关心客户的切身利益，并不会吓到客户，因此，不妨深入询问。由于每个人都希望跟"专家"交往做朋友，当你以"专家"的身份提出问题的探讨，客户非常欢迎，并敞开心跟你交流，说出心里的真心话。

　　当客户了解到"现有问题"会引发更多的问题，并且会带来严重后果时，就会马上觉得"现有问题"非常严重、非常迫切，必须采取行动解决它，那么客户的"隐藏需求"就会转化成"明显需求"。

也只有当客户愿意付诸行动去解决问题时，才会有兴趣听一听你的产品介绍，去看你的产品展示。比如，利用牵连问题进行询问。只有让客户意识和想象一下"现有问题"将带来严重后果时，客户才会觉得问题已经非常的急迫，才会希望去解决问题。

策略询问法从问答技巧和谈话条理性的角度，提供了一种全新的营销理念和方法，请好好利用它，然后找出客户隐藏性的需求，进行针对性的解说，提供有效的解决方案，引发消费者的购买欲望，赢得订单。

## 想想是不是有可以借助的力量

营销需要调动各种各样能够为己所用的资源，然后去达到目的。所以，销售人员不光要靠自己，还可以借助自己之外的任何力量。谁能够调动的资源越多，谁就是越有力量的人。

> 一个卖马的人在市集上站了三天，人们不知道他的马儿好，连个问价的人都没有。于是，这个人找到伯乐说，我打算卖掉这匹骏马，可是接连在市上站了三天，却无人问津，请你到市场上围着我的马看一圈，临走的时候再回头看上几次，我愿意付给你一笔丰厚的报酬。伯乐同意了这个建议，隔天便到市场上绕一绕，履行承诺。而伯乐刚刚从市集上离开，这匹马的价格就涨了十倍。

这就说明，做销售的眼光一定要宽，自己的力量不够用，完全可以考虑借用外界的力量。这样，也许就会是一番柳暗花明的不同景色了。

荀子在《劝学》中就说道："假舆马者，非利足也，而致千里；假舟楫者，非能水也，而绝江河。君子生非异也，善假于物也。"意思是，借助于车马的人，不必自己跑得快，却能远行千里；借助于舟船的人，不必自己善水性，却能横渡江河。君子生性与别人无异，只因他善于借助和利用外物，所以就不同了。其实，这就是一种善于借助外部力量的大智慧。

比尔·盖茨说："一个善于借助他人力量的销售人员，应该说是一个聪明的销售人员。在办事的过程中，善于借助他人力量的人，自然也是一个聪明的人。"

现代社会越来越开放，信息传播越来越快捷，销售相同或类似产品或者服务的企业以及人员也越来越多，靠个人单枪匹马独闯天下的时代已经过去。要成功就要借助他人的力量，而不是靠自己一个人的艰苦奋斗。换句话说，就是要调动外界的一切能为己所用的资源，从而提高自己的办事效率，迅速达到预定目标。

借力指的是借他人之力，如熟人、亲戚、朋友、同学等的帮助。他人有时是你接近成功或走向成功的桥梁与阶梯，他们的力量也许更能帮你寻到走向成功的捷径。古往今来，借助于他人之力成功的事例可谓数不胜数。

俗话说："一个篱笆三个桩，一个好汉三个帮。"不懂得或不善于利用他人力量，光靠单枪匹马闯天下，在现代社会里是很难大有作为的。

营销的核心是什么？有人说是产品，认为只要有好的产品不愁卖不出去。的确，产品很重要，但是，当今社会，好产品多如牛毛，有很多企业的产品很好，但是仍然面临着卖不出去、库存积压甚至企业倒闭的风险。

其实，营销的核心在于客户。但问题是，大家几乎都缺客户。借力营销的特点就是：缺什么借什么。既然缺客户，我们就借客户。问题来了，我们找谁借，怎么借，别人凭什么借给你？能够得到有关借力营销的思维上的启发。

有一个人新开发了一款按摩产品，效果很不错，就是价位稍微偏高。由于自己的销售渠道客户不多，想通过网络来开发新客户。但是通过网络摸索了半年，也没找到一个客户。后来在学习培训课程时顺便问了培训师几句，看看有什么好办法。培训师看了下他的网站，便知道他的确不懂网络营销。如果从头培训，需要一段时间才能掌握。于是就建议他开通阿里诚信通，发布产品后找人装修了旺铺。

然后，培训师告诉他一招小方法。找一个业务员，每天在阿里上搜索销售同类保健产品的代理商中间商，加他们好友同他们沟通，给他们两个方案：一是可以做代理直接销售该产品，不需进货直接挂上链接就行。二是不用做代理，只要求他们的营销人员或客服对他们的已经成交的老客户推荐下这个产品，发一下他们这个产品的链接即可，成功销售出去有相应提成。

使用这一招的结果是，每天联系合作的人中，有40%的客户接受了他的这两个方案。其中一方案占80%，二方案占20%。由于这个工作一直持续做了一阵子，那段时间，他原本冷清的店铺流量大增，原本没有一个客户的他最后客户数量直线上升。这个时候，其实他对网络营销还是不太懂的。仅此一招，他的客户就源源不断涌来了。

在借力营销中，销售人员还可以借经验、借思维、借转化、借信任、借人脉、借资金、借场地等。

第四章

# 了解客户的信息越多，
# 成功的概率越高

做销售好比是一项系统工程，需要全方位和全角度地对客户进行了解。可以说，了解客户的信息越多，成功的概率越高。其实，了解客户的信息越多，说明越能掌控客户。要进入客户的工作、生活和内心世界，没有信息的收集和掌握，又谈何容易？显然，销售并不仅仅在于谈生意的时刻，谈生意前的工作则更加重要。

# 不可忽略圈子以及人脉的力量

有一句话说："一个人能否成功，不在于你知道什么，而是在于你认识谁。"这里所说的就是人脉。安东尼·罗宾也指出："我所认识的全世界所有的成功者最重要的特征就是创造人脉和维护人脉，人生中最大的财富便是人脉关系，因为它能开启所需能力的每一道门，让你不断地获得财富，不断地贡献社会。"美国石油大王洛克菲勒也说过："我愿意付出比天底下得到其他本领更大的代价，来获取与人相处的本领。"

美国斯坦福研究中心一份调查报告指出，一个人赚的钱，12.5%来自知识，87.5%来自关系，关系即人脉。这说明，一个人只有充分依靠人脉、发展人脉，才能为成功打下坚实的根基。不断增强你的人脉力量，也就是在积累你一生取之不尽的财富。对于销售人员而言，就更是如此。

要想成功，就一定要营造一个成功的人脉关系，从而为自己积累丰富的人脉资源。如果光有事业，没有人脉，个人竞争力就是一分耕耘，一分收获；但如果加上丰富的人脉，个人竞争力将是一分耕耘，数倍收获。

在这里，说起有效利用人脉成就事业的典型人物，便不得不提到李嘉诚的次子李泽楷了。

想要找到李泽楷为什么能在商界中游刃有余的答案，不妨从他家中餐厅里挂满的镜框中去一探究竟。那些照片多是李泽楷与一些政界要人的合影，其中还包括新加坡总理李光耀以及英国前首相撒切尔夫人等。李泽楷善于结交上层人士，为自己广植人脉，这也为他在商界打拼奠定了坚实的基础。

1999年3月，李泽楷凭借着广泛的人脉资源，拿到了香港特区政府建设"数码港"的项目，由他的盈科集团投资独家兴建。此后，他再次利用人脉这个宝贵的资源，一举收购了上市公司得信佳，同时将原来的盈科集团更名为"盈科数码动力"。由于"数码港"这个项目的刺激以及盈科的收购行动，使得李泽楷公司的股市市值由40亿港元一跃上升为600亿港元，成为了香港第十一大上市公司，而500多亿港元利润也使得人脉资源的回报率可见一斑。

随后，在2003年1月，李泽楷应邀出席了举办于瑞士达沃斯的世界经济论坛，这个顶尖的商界论坛让他有机会与索尼的董事长兼首席执行官出井伸之、微软的比尔·盖茨等杰出的企业家讨论商界沉浮，为他的个人形象又添上了锦绣的一笔。更加重要的是，这个机会再一次增强了他的人脉力量，形成了人脉资源的良性循环，他达到如今这样的地位，想不成功都难了。

如果说人脉网的积累是一个挖井的过程的话，那么就不要在感到口渴后，才开始动手去施工。因为远水是解不了近渴的。若是平日里不用心地去积累你的人脉关系网，那么一旦在工作和生活上遇到难题而无法获得他人的帮助时，那种口渴后没有水喝的滋味一定会让你后悔不已。要知道，只有懂得自我拯救的人才能够在雨过天晴后拥抱绚烂的彩虹。因此，在口渴前，先着手为自己的"人脉井"努力掘土吧！

想要挖好这口"人脉井"，你需要付出比提桶者更多的细心和勇气。如何才能够利用有限的空间和能力去结识更多的人，丰富自己的人脉圈子呢？这就需要多花些心思，找到一个合适的切入点，在开始挖井前，做好充分的准备。

其一，许多成员关系稳定的专业圈子，通常会意味着某些资源的集中，乃至一个小众群体的形成。一个人要想成功，要想发展人脉，就离不开加入一些精英圈子，以多渠道获得发展机会。但不可忽略的是，一个组织最有影响力的人，差不多总是那些创始人、主要组织者、核心人物。尤其发起者的先发优势非常明显，作为圈子中最早的核心人物，他们的影响不仅表现在圈子形成的过程中，而且会持久体现在圈子稳定之后的持续扩大上。

其二，通过各种关系，主动参加一些有影响力的组织和圈子，主动积极参加圈子里的活动，担当中坚或骨干的角色。

其三，发起或组织在圈子里的各种社会活动，甚至花费大量时间和精力，可以结交更多的朋友，也可以赢得大家的认可。

没有付出，哪来回报。这一原则同样适用于圈子生活。实际上，拥有人际关系的最佳方法是，不要一味要求别人为你做什么，而要时常想想你能为别人做什么。这才是建立关系网的真正艺术。

## 积极了解大客户及关键人的需求

要把生意做活，首先销售人员的大脑要活络。大客户及关键人的需求，人家未必都主动表达出来，甚至难以清晰表达出来，这就需要销售人员积极主动去了解和挖掘。

有一个著名的老太太买李子的故事。

　　一条街上有三个水果店。一天，有位老太太来到第一家店里，问："有李子卖吗？"

　　店主见有生意，马上迎上前说："老太太，买李子啊？您看我这李子又大又甜，才刚进回来，新鲜得很呢！"没想到老太太一听，竟扭头走了。

　　店主纳闷，哎，奇怪啊，我哪里说得不对得罪老太太了？

　　老太太接着来到第二家水果店，同样问："有李子卖吗？"

　　第二位店主马上迎上前说："老太太，您要买李子啊？"

　　"啊。"老太太应道。

　　"我这里李子有酸的，也有甜的，那您是想买酸的还是想买甜的？"

"我想买一斤酸李子。"

于是老太太买了一斤酸李子就回去了。

第二天，老太太来到第三家水果店，同样问："有李子卖吗？"

第三位店主马上迎上前同样问说："老太太，您要买李子啊？"

"啊。"老太太应道。

"我这里李子有酸的，也有甜的，那您是想买酸的还是想买甜的？"

"我想买一斤酸李子。"

与前一天在第二家店里发生的一幕一样；但第三位店主在给老太太称酸李子时，边聊道："在我这买李子的人一般都喜欢甜的，可您为什么要买酸的呢？"

"哦，最近我儿媳妇怀上孩子啦，特别喜欢吃酸李子。"

"哎呀！那要特别恭喜您老人家快要抱孙子了！有您这样会照顾的婆婆可真是您儿媳妇天大的福气啊！"

"哪里哪里，怀孕期间当然最要紧的是吃好，胃口好，营养好啊！"

"是啊，怀孕期间的营养是非常关键的，不仅要多补充些高蛋白的食物，听说多吃些维生素丰富的水果，生下的宝宝会更聪明些！"

"是啊！哪种水果含的维生素更丰富些呢？"

"很多书上说猕猴桃含维生素最丰富！"

"那你这有猕猴桃卖吗？"

"当然有，您看我这进口的猕猴桃个大，汁多，含维生素多，您要不先买一斤回去给您儿媳妇尝尝！"这样，老太太不仅买了一斤李子，还买了一斤进口的猕猴桃，而且以后几乎每隔一两天就要来这家店里买各种水果。

案例中，这三个水果店的店主代表了三种不同的销售人员，第一个店主是一个不合格的销售人员，只是一味地告诉客户自己的产品如何好，而不了解客户需要什么？第二个店主是一个合格的营销人员，懂得通过简单的提问，满足了客户的一般需要。而第三个店主可以说是一个优秀的销售人员，他不仅仅了解和满足了客户的一般需求，而且还挖掘创造了客户的需求——需求背后的需求。在这个阶段，销售人员已经从以前的拼价格转向做客户信赖的顾问，帮助客户分析问题，解决问题，获得客户的信任，作为回报，就会获得客户的订单。

这就说明，积极了解大客户及关键人的需求，乃是优秀的销售人员的必修课。

就像上述案例那样，了解大客户需求就是要了解大客户真正需要的是什么，也就是要了解"需求背后的需求"。不了解客户的需求，就无法给出有效的销售策略。不同的大客户会提出不同的要求，通过如下办法，可以了解到大客户的需求。

一是通过对话了解大客户需求。通过提问可以准确而有效地了解客户的真正需求，提供他所需要的服务。

二是通过倾听客户谈话了解需求。只问问题而不认真地去听顾客的回答，是浪费时间。不能真正地去倾听客户的回答，就无法为客户服务。在与客户进行沟通时，必须集中精力，站在对方的角度全面理解对方所说的内容，了解对方在想些什么，对方的需要是什么，尽量多了解对方的情况。

同时，销售人员还应该注意，大客户采购的决策者通常不会出现在例行的会议和交流中。在全部销售活动中，他们可能只会参与其中5%的重要活动。相当多的时候，销售人员并不能见到决策者。即使见面沟通，时间也大多不超过10分钟。这其实给销售人员直接影响决策造成了困难。

由于没有意识到或无法克服这种困难，很多销售人员的销售影响力仅限于对操作者、参谋者，如现场使用人员、维护人员或技术部门的工程师，而不能从决策者那里得到采购意向。其实，对操作者、参谋者做工作并没有错。但关键是如何通过他们影响决策者，进而使其形成明确的采购意向。

销售人员应该认识到，和采购相关的大部分活动（可以说是 80% 以上）是销售人员无法参加的，比如，客户的内部会议。因此，销售的结果在很大程度上并不是由销售人员本身的销售活动决定的，而是由客户内部沟通和相互影响决定的。也就是说，销售行为一直在进行着，甚至说，很多决定性的销售行为是当销售人员不在时完成的。是由谁来完成的呢？是那些与你有相同利益的人，包括支持你的人、支持你公司的人和支持你想法的人。比如，技术工程师向决策者说明某种技术方案的好处，财务人员推荐某种产品适中的价格。

从这种意义上来说，在整个销售的舞台上，销售人员并不是主要的演员。相反，销售人员也不应争做主角，而应成为导演，为演员提供道具，设计台词，促成他们为自己在客户组织内部完成推销，影响决策者。

所以，销售人员能否直接影响决策者并不重要，重要的是不能忽略决策者在采购决策中的权力，应该有影响他们的途径。

## 尽可能了解大客户的决策程序和标准

《孙子兵法》讲："知彼知己，百战不殆。"在销售活动中，"知彼"应该包括对大客户决策程序和标准的熟悉。只有熟悉了大客户的决策程序和标准，才能有的放矢，对症下药。

一般地说，大客户的采购流程是：①内部需求和立项；②对供应商调查、筛选；③确定采购标准；④招标、评估；⑤考察供应商；⑥签订合作协议。

因为大客户的具体情况不同，采购流程也会存在差异。而大客户在采购流程的不同阶段，所关心的侧重点不同。所以，销售人员的应对重点也要有所区别。销售人员需要针对客户具体的采购流程与决策程序，形成与之相对应的策略和办法。而大客户的采购流程及其每一流程所涉及的人和部门的角色与职能分工，必须成为销售人员关注的重点。

一是建立内线。内线或为采购员，或为采购经理，或为其他人员；内线对商务经理有一定好感或者认同；双方能谈得来；内线对象在客户处工作时间较长，了解内情较多。

二是与内线建立关系的步骤：认识→约会→认同→信赖→同盟。与内线一定要发展成为朋友关系——区别于普通朋友的，基于商业关系与商业利益的朋友。内线是中介，是桥梁，是信息中心，是情报员，必须加强对内线重要性的认识。

三是通过穿针引线的内线，才能了解客户内部决策过程，并可引导公司业务人员顺利通过每桩大型采购活动必然存在的种种权力及影响力的政治斗争。

四是必须与内线保持密切的私下交流；内线必须能认同公司产品/服务；内线信赖商务经理；内线知道自己付出努力会有一定回报；对内线已做出一定的费用或者感情付出；并有下一步此方面规划。

五是除了通过内线之外，在网上或其他渠道收集关于目标客户的所有信息，借以做出对目标客户更全面、更客观的判断。

六是信息收集的成效标准是能否可据此做出明确的价值评估。

有的大客户，其内部决策需要一系列的环节和步骤。那么，销售人员还要与各环节的关键决策人建立起关系。

一是通过对关键决策人的充分了解，加上"内线"的协助，设计与关键决策人的接触方式，投其所好，建立信任度。

二是和关键决策人进行深层次沟通，把握成交机会，并对关键决策人的渗透程度做出评估。应当认识到，和采购相关的大部分活动是销售人员所无法参加的，比如，客户的内部会议。因此，销售的结果很大程度上是由客户内部沟通和相互影响决定的，是由支持我们的关键决策人、与我们有相同利益的、支持本公司的人来完成的。

三是进入客户决策人的角色，进行决策模拟。通过决策模拟，解决以下问题：客户为什么要选择我们（列出理由）？关键决策人为什么要帮助我们（列出做了哪些工作，这些工作在多大程度上会影响到他的决策向我们倾斜）？

四是必要时由企业高层与客户的关键决策人见面，表达重视思想的同时建立沟通平台，为关系的紧密打下良好基础。

## 学会从客户的公开信息中读出自己想要的内容

客户的公开信息，可以为销售人员提供很多有价值的内容，从而有效地指导销售人员的销售工作。最重要的，是要学会从客户的公开信息中读出自己想要的内容，这对销售更有价值。

但是，市场处处竞争，信息变得隐蔽、不完整，如何获取自己所需要的信息呢？可以通过以下一些方法来收集。

**1. 网上搜索**

如企业网站、新闻报道、行业评论等。此种方法的优点是：信息量大，覆盖面广泛；缺点是：准确性、可参考性不高，需要经过筛选方可放心使用。

**2. 权威数据库搜索**

他们是谁，国家或者国际上对行业信息或者企业信息有权威的统计和分析，是可供参考的重点，对销售具有重要的指导作用。优点是：内容具有权威性和准确性；缺点是：不易获得。

**3. 专业网站搜索**

各行业内部或者行业之间为了促进发展和交流，往往设立有行业网站，或者该方面技术的专业网站。优点是：以专业的眼光看行业，具有借鉴性，企业间可做对比；缺点是：不包含深层次的信息。

**4. 参加会议与展览**

各行业或者地区定期或不定期会有会议与展览，会有很多企业或者单位参会与参展。优点是：拥有更丰富具体的信息；缺点是：展览时间不确定。

### 5. 通过老客户

你的老客户同你新的大客户之间，会有一定的相同之处，而同行业之间会有更多的相似之处。因此，你的老客户也会很了解其他客户的信息。销售人员可根据同老客户的关系，获得行业内部的一些信息。优点是：信息的针对性和具体性、可参考性高；缺点是：容易带主观思想色彩。

在获取客户信息时，要充分明确自身信息需求，积极汇集潜在客户信息，以敏锐的触觉感知市场，实时跟踪动态信息的流变。

信息收集后要进行归类整理，便于及时回复和节省时间。要学会挖掘提炼信息价值，使收集的各类资料最大限度地服务于销售，包括客户基础资料和项目资料。

客户基础资料包含：是什么样的客户？规模多大？员工多少？一年内大概会买多少同类产品？客户的消费量、消费模式和消费周期是怎样的？其组织机构是什么样的？所拥有的通信方式是否齐全？客户各部门情况销售人员是否了解？客户所在的行业基本状况如何？大客户在该行业中所处地位、规模？通过这些资料，并根据大客户自身的变化，进行适当的动态管理。

项目资料包含：项目信息是评估的关键因素，在对客户实行规划时，若没有对客户项目有基本的了解，就无从谈起后面的交流合作。客户最近的采购计划是什么？通过这个项目要解决的问题是什么？决策人和影响者是谁？采购时间表、采购预算、采购流程是否清楚？客户的特殊需求是什么？

## 介入到客户之中，建立起自我的信息渠道

世界上只有两种人：你认识的人和你不认识的人。你不认识的人和你一样，他们也想获得成功，但他们还没有与你有生意上的合作。这就使得他们有可能成为你的新客户。

在人际沟通的本质中，基本上是呈现正作用力与反作用力的交互运

作。也就是说，你以什么样的态度对人家，人家也多半以什么样的态度来对你。曾经有过这样一个故事，讲述一个人学会微笑的前后经历。当他面色冷漠时，他觉得其他人也都严肃，冷漠；但当他学会对别人微笑之后，他发现他遇到的人们也都在对他微笑。这个故事说明的道理值得我们思考。

与客户的沟通不应是死板的公事公办，而应尽量人情味浓一些，先做朋友，后做生意，相逢便是朋友。业务关系说白了先是人际关系，所以，如何与客户做朋友，以诚相待很重要。这里当然不是要怎样巴结讨好，而是在做朋友，先要了解基本情况。

人与人之间经常的交往很自然地会产生友谊，在办公室以外的地方，销售人员和客户通常比较放松，谈话也常常涉及个人的情感世界与兴趣。或者因为共同的兴趣，他们之间的关系也会变得密切起来，建立起亲密的友情。

友谊为双方都带来了不言而喻的责任。朋友之间就要始终互相关照，互相帮助。在商务中建立的友谊也不例外。一些销售人员与某些客户交往甚密，他们的产品总是能在客户发布的广告中得到特别推荐，在商店里摆在特别显眼的位置。

可以多做些销售之外的事情。比如，客户需要某些资料又得不到时，我们就可以帮他搞到。甚至，他们生活中碰到的一些困难，只要我们知道又能做到时，也可以帮助他们。这样，我们与客户就不再是合作的关系，而更多的是朋友关系了。这样，一旦有什么机会时，他们一定会先想到我们。一位保险代理人坦言，她之所以长年保持极佳业绩，拥有好几百位客户，而且客户还在以更快的速度增加是因为客户很信任她，还常常为她介绍别的客户。她与客户经常交流，建立了很好的私人友情，她经常与他们一起去郊游、爬山、打保龄，关系非常融洽。客户有困难时，她会主动积极地提供帮助。让客户倾心于你，实际上很简单，只要你能从客户的角度考虑问题，付出一片真诚，感动客户，客户将会回报给你更多。

在产品同质化和市场趋同严峻的市场中，如何了解客户的家庭状况，毕业的大学，喜欢的运动，喜爱的餐厅和食物，饲养的宠物，喜欢阅读的书籍，上次度假的地点和下次休假的计划，日常行程，在机构中的作用，和同事之间的关系，今年的工作目标和个人发展计划和志向等，都需要有自己的信息渠道。

同时，销售人员与客户合作一定要追求双赢，特别是要让客户也能漂亮地向上司交差。我们是为公司做事，希望自己做出业绩，别人也是为单位做事，他也希望自己将事情办得漂亮。因此，在与客户合作时就要注意，不要把客户没有用或不要的东西卖给他，也不要让客户花多余的钱，尽量减少客户不必要的开支，客户也会节省你的投入。

对于客户给予的合作，销售人员一定要心怀感激，并对客户表达出你的感谢。而对于客户的失误甚至过错，则要表示出你的宽容，而不是责备，并立即共同研究探讨、找出补救和解决的方案。这样，你的客户会从心底里感激你。

最后，不要忽视让每笔生意来个漂亮的收尾。事实上，这次生意结束的时候，也许正是创造下一次机会的最好时机。千万别忘了送给客户一些合适的小礼品，如果生意效益确实不错，最好还能给客户一点意外的实惠。让每笔生意有个漂亮的收尾所带给你的效益，不亚于你重新开发一个新的客户。

这样做的理由是，如果你前面的工作尚欠火候，还不能从合作关系提升到朋友关系的话，这个时候这样做就能很好地实现这个目标。如果前面的合作可能有些不如意的话，这更是个很好的补救方案。因为大部分的人都认为既然合作完了，那么我们与客户的关系也自然结束了，所以对这种不求回报的最后感谢，他们马上就会把你从合作关系提升到朋友关系。那么下次再有需求时肯定跑不了就是你的。

## 密切关注竞争对手信息，做出相应的预备案

身处激烈的市场竞争中，销售人员不得不关注自己的对手，以防止竞

争对手突如其来的攻击，从而影响自己的销售。

竞争对手之间的竞争，更像是一场赛跑游戏。在这个赛跑游戏中，谁更能体现客户的要求，谁就会领先，谁到最后就可能胜利。这种现象，在组织型的采购中经常遇到。我们称之为"供应商排序"。供应商排序是客户采购中经常用到的采购技巧。通常，客户会把供应商排序为：首选供应商、次选供应商和末位供应商等。所以，要跑赢对手，就要争取首选。

认识到这点，对于大项目销售中竞争位置的判断就显得非常重要。

通常，在项目型销售中，供应商排序都有以下一些特点和技巧。

**1. 项目需求**

客户通常会首先和首选供应商讨论需求。所以，如果你见到一个客户对自己的需求非常了解，你得考虑是客户比较专业，还是他已经与首选供应商探讨了很长时间？客户是不厌其烦地与你沟通需求，还是明确地告诉你他要做什么？客户对沟通的时间是否有限制，你能否接触到关键的人物？

**2. 项目方案**

客户是详细地与你沟通实现的方案和路径，还是告诉你要求、给你限定了提交方案的时间，而且没有太多兴趣与你探讨解决方案？

**3. 产品功能和演示**

产品演示时，客户是详细地看你产品的所有功能，还是仅对其中的少数功能感兴趣？是有一个检查清单，还是干脆直接询问你们某个功能是如何实现的？另外的细节：是否有人参加竞争对手的产品演示而不经意缺席我方的演示？对我们的演示过程是否有足够的耐心？给我们的演示时间的长短，是否与其他对手一样？

**4. 项目计划和时间**

你是否能和客户一起商定项目的时间？如果总是被动地听从客户的安排，并且总感觉到时间紧张，那么这也是一个判断依据。

这些方法有利于我们简单地判断在销售中的位置。也就是说，你表现得好坏，并不重要，关键是你在客户那里表现得比你的对手更好。同样一个问题，客户会问不同的供应商，然后对不同答案进行比较，从而判断谁更可依赖，谁更专业，这种对比伴随着项目的始终。

所以，每回答一个问题时，都要意识到：竞争对手其实就在你的身边；这个问题如果是对手来回答，会是什么样的答案？有的时候，回答"是"是个好的答案，可有的时候，回答"否"往往更有利于你获得信任。

经常有很多年轻的销售人员，在客户提出不合理的要求和提供不符合实际的功能时，往往不敢回答"否"。其实，这个时候回答"否"，并简单明确地说明为什么是"否"，往往比模棱两可地说"是"更有价值和意义，更有利于取得客户的信任。当然，客户这样做还有一个重要原因：客户可能有意挑起和加剧供应商之间的相互竞争，以使自己获得更多的信息和服务、更优惠的价格。

所以，如果你一味地根据竞争制订策略，往往容易陷入客户的圈套，而客户往往在"鹬蚌相争"时，取"渔翁之利"。

要取得成功，唯有全心全意地关注客户，虽然在漫长的征途中需要不时地"瞄"一下身边的竞争对手，然而那仅是"瞄"而已，我们更需要的是全身心地"盯"住客户。

第五章

# 做好客户价值评估与角色分析，
# 把握营销先机

正所谓在商言商，做销售不能不讲究看人下菜碟。所以说，做好客户价值评估与角色分析，才能充分把握营销先机。否则，不知高低深浅，错位对待客户，会遭受不必要的损失。生意生意，乃生财之意，因为自己没有眼光而遭受损失，未免太悲催。

# 学会大客户的终身价值评估

大客户，不同行业、不同营销模式下的定义不同，但相同的是，每家企业都期望有大客户，更多的大客户是他们孜孜以求的经营成果。

美国学者杰伊·克利和亚当·克利通过研究分析，得到了一些有趣的发现：有20%客户带来了80%的收益，但所带来的利润可能超过90%。

我们举例来说。比如，尽管时有大型企业倒闭关门的新闻见诸报端，但我们都知道，相比较而言，大企业比小企业拥有更大的抗风险能力。如果一个企业所服务的客户都是小规模企业，缺乏大型企业，那么事实上，未来的风险就已经产生了。当一场行业危机（都不需要是金融危机、经济危机）来临时，这个行业受影响的一定是小规模企业，他们的经营危机将直接决定这个企业是否能生存下去。而如果客户群中有稳定的大客户，那么这个企业将因为客户的抗风险能力而得以继续发展。

同时，大客户给企业带来的是成本降低和利润上升的价值。有很多人会误以为，大客户因为订单比较大，议价能力强，实际上是做了大订单挣了小钱。这就是没有系统思考的结果。大客户通常对产品的质量要求高，而价格要求相对比较低，这是一个不争的事实。问题是，小批量多批次的定制式生产价格会比较高，但背后所产生的大量成本却被忽视了。不断产生的设计费用、模具费用、工人适应新产品带来的产品质量不稳定、制造系统因而产生的浪费等，这些都是影响利润的重要因素。大客户因订单较大，相应产生了批量的成本降低效应。设计、模具、工人的浪费等都会显著降低，这些费用的降低又能使工艺更加成熟。从更广泛的意义上来讲，大客户的订单带来的利润并没有减少很多，反而提高了企业制造系统的管理能力，而这将为企业带来更持久的利润。

虽然上面的例子讲的是企业，但对于销售人员来讲，也完全是同样的道理。

在《老子》中有这样一句话："将欲夺之，必固与之。"在《韩非子·说林上》中也有类似的一句话："《周书》曰：'将欲败之，必姑辅之；将欲取之，必姑与之。'"实际上，这话对于销售人员开展销售具有重要指导意义。有营销管理专家指出："利人为利己的根基，市场营销上老是为自己着想而不顾及他人，他人也不会顾及你。"这就要求销售员具有"舍得精神"，只有"投之以李"，大客户才会"报之以桃"。

但是"舍得"不一定是要追求"大舍大得"，而是要致力于科学施舍，并且也不是要销售人员盲目地舍得，更不是无计划地舍得，而是立足于对客户未来潜力与未来价值的科学评估。对于大客户，要合理投入资源，注重大客户维护，以获取更大、更长久的客户价值贡献。这不仅是一种战略性销售，也是一种市场远见。

要维护好与大客户的长期关系，销售人员就不可因为大客户的点滴过失，而与大客户斗气，产生纠纷。比如，大客户可能盛气凌人，但也应该以柔和的处理方式，化解其傲气，转为朋友似的客户关系。可以在原则底线内，保持服务的灵活性，改变自己，适应客户和竞争。客户对服务时限的要求，总是迫不及待，那时我们调整工作时间便是非常必要的；还要不计一时的得失，而看重长期的发展。

当然，为了维护与大客户的关系，也不能无条件地变更我们的服务，而对客户没有任何的要求，也无须偏离了自我的服务定位，无谓地改变服务模式。

## 从大客户方的采购流程入手

前面已经谈过，大客户一般都有自己的采购流程。这个采购流程一般包括：发现需求阶段，内部酝酿阶段，系统设计阶段，评估和比较阶段，购买承诺阶段，安装实施阶段。从这样的流程入手，则可以建立起对应的销售流程。

### 1. 计划和准备

在这个阶段，销售人员应该将注意力集中在使用部门上，留意他们是否有新的采购需求，销售人员可以电话或是直接上门拜访，从了解客户的需求情况入手。

### 2. 接触客户

销售人员在这个阶段就开始尽力将竞争对手挡在外面，而且销售代表至少要在这个阶段了解客户的采购流程、预算，并找到决策者。销售代表这时需要注意客户的采购部门和使用部门，他们会确定未来的采购流程。

### 3. 需求分析

很多销售人员发现客户要购买的要求对自己很不利，赢得机会很难，其原因是没有在系统设计阶段对客户进行影响。如果客户在这个阶段对销售人员充分信任，客户可能不经过比较和评估，就直接向你购买了。

### 4. 销售定位

如果销售人员没有在项目设计阶段影响客户的采购倾向，将面临激烈的价格竞争。在这个阶段，销售人员有几种竞争策略，这个阶段，销售人员最应该关注决策者。决策者通常是客户的高层行政主管或者使用部门的管理者。

### 5. 赢取订单

销售人员需要清楚了解客户的预算和具体要求，对客户的购买底线有清楚的了解将更好地帮助销售人员对于销售订单的确认。这个时候购买部门和决策者都对最后合作敲定有着重要的影响。

### 6. 实施和服务

由于客户态度和角度的转变，销售代表在这个阶段最容易与客户建立良好的关系。销售代表应该在这个阶段去拜访客户的高层主管，倾听对方的意见，解决对方的问题。这时销售中最重要的、最关键的，即与高层主管的关系就可以建立起来了。

上述六步法可视为摧龙六式营销法。摧龙六式是向大客户销售的基本流程，尚需以内功心法为基础，以销售技巧为辅，方可纵横商场，战无不胜。

# 注重大客户内部组织构架的分析

有的大客户属于机关、企事业单位性质，存在着内部组织机构，需要销售人员对他们的内部组织构架进行分析，以利于销售活动的顺利进行。我们通过一个具体案例来说明。

A公司购买了一批电脑，各个部门对电脑非常满意，但对IBM键盘有些争议。B键盘生产厂家的销售人员得知这一消息后，决定向这家企业推销键盘。客户为此召开了一次会议，专门讨论更换键盘的事。参加会议的有总经理办公室主任、技术部门的工程师、市场部的小李、财务部的小黄和销售部的小王。各个部门表态如下。

办公室主任："大家每天都要用键盘工作，我们要争取让每一个人满意。"

技术部门："这两种键盘都不好。根据我们的维修报告，联想公司键盘的故障率是最低的。"

市场部小李："B键盘声音太大，市场部人多，烦也烦死了。HP键盘不错，很安静。"

财务部小黄："无论要哪家的键盘，最重要的是价格不能超过预算。"

销售部小王："B键盘手感非常光滑，摸上去非常舒服，而且声音比较好听。"

在讨论中，大家各抒己见，争执不下。最后，总经理办公室主任无奈地宣布："算了，我们不要换了，还是用IBM键盘吧。"

从上述案例看，只有知道了客户内部的组织构架，才能掌握各个部门之间的关联性、相关度，才能根据组织构架各个击破，达成销售。A公司企业内部的组织构架，总经理办公室主任是非常关键的人物，其他各个部门的作用各不相同——销售部与市场部关心使用情况，技术部关心维修，财务部关心预算，总经理办公室主任关心各部门之间的协调与利益最优化。如果销售人员在讨论会前根据A公司的组织构架，针对不同部门展开不同的工作，那么讨论会可能就是另一种有利于销售人员的结果。

在大客户销售过程中，由于客户内部各个部门分工不同，关心的侧重点也就不同。销售人员只有了解客户每个部门的职能，明确哪些部门是支持者、哪些部门是中立者、哪些部门是反对者，才能采取不同的策略"对症施治"。

客户内部的各个职能部门大致可分为五种类型：经济型、技术型、使用型、财务型、教练型（具体特点可见下表）。

| 五种职能部门 | 经济型 | 技术型 | 使用型 | 财务型 | 教练型 | 影响力 |
|---|---|---|---|---|---|---|
| 职能部门分析 | 1. 握有购买的财务决策权力；<br>2. 拥有最后拍板权；<br>3. 位居高位，难以掌控 | 1. 通常是技术部门的人；<br>2. 对技术方面的问题把关负责；<br>3. 对商务条件不怎么关心；<br>4. 在技术上有否决权、建议权 | 1. 最终使用产品的人；<br>2. 他们的意见会给最终是否采购带来一定的影响 | 1. 希望预算不超过标准；<br>2. 通常是客户内部的财务主管；<br>3. 价格谈判的主角之一 | 1. 希望你拿到生意的人；<br>2. 通常是客户内部的人；<br>3. 可能具有多重身份的人；<br>4. 必须及早与其搞好关系的人 | 往往是决策者身边的红人，如秘书、配偶、办公室主任、亲戚等 |
| 关心重点 | 利益；<br>性价比 | 可行性；<br>技术；<br>效果 | 使用方便；<br>可操作性 | 价格；<br>付款形式 | 满足组织机构的利益，同时满足个人利益 | 与他的客户关系，满足个人利益 |

续　表

| 五种职能<br>部门 | 经济型 | 技术型 | 使用型 | 财务型 | 教练型 | 影响力 |
|---|---|---|---|---|---|---|
| 角色职能 | 总经理；<br>项目决策人 | 技术部主管；<br>建议权；<br>否决权 | 生产部主管使用部门使用权 | 财务部主管参与权 | 采购部办公室 | 秘书、亲戚等 |
| 角色分析 | 五位评估小组 | | | | | |

　　需要注意的是，在实际工作中，可能有几种类型的职能部门集于一个部门，甚至一个人。比如，民营企业可能是五种类型的职能部门集于老板一身，也有可能是两三个职能部门只有一个人负责。另外，影响项目决策的角色有时不一定仅仅是这五种类型的部门，还可能是其他的角色，如项目决策人的秘书、老婆、亲戚、小孩等。这就要求销售人员在明晰各个职能部门的角色定位过程中，不能一概而论，而要随机应变。

# 不可忽略关键人物的性格与作用力

　　在大客户销售中，决定成败的往往不是一个人，而是一群人。销售人员只有将关键决策人一网打尽，才能尽量减少障碍，确保成交。销售时，只要有一个或一个以上的买者身份不明晰或者从未拜访过，就极有可能陷入销售雷区而不自知，是销售中最危险的倾向。

　　众所周知，成交的关键在于判断理想的客户，找出客户的决策者，把销售做到决策层。关键人物的选择对促成成交具有决定性的意义。这些关键人物包括四类：决策者，使用者，技术把关者，教练。这四种人必须一网打尽。

　　具体说来，决策者是最后批准购买的人，往往拥有对经费的控制权，对是否购买你的产品拥有最后的决定权。决策者可以是一个人，也可以是一群人，如董事会。决策者对购买行为有职务和个人两方面的关注：职务关注的重点在于，更看重购买行为对公司发展的影响，能否解决问题、提高效率、降低成本，提高竞争力；个人关注重点在于，你提供的方案能否帮他建立更高威信，巩固和提高领导地位。

使用者是产品或服务的直接监管人。其个人的成功跟你的产品或服务有着最直接的关系，因此使用者的作用是判断你的产品对其工作的影响。其职务关注重点是你的产品或服务能帮他更圆满地完成工作；其个人关注则是产品或服务为其带来的便利性。

技术把关者是衡量你的方案、只能向决策者提出建议的人。他们虽然没有最后决策权，但往往有最终否决权。因此，他们对产品本身的质量和价格更为关心。产品稳定、性能指标好、价格又合理的产品最对他们胃口，他们亦希望借此得到领导的肯定和职务上的升迁。

教练的概念似乎有些抽象，他们存在于买方的组织结构中、你自己的结构中或两者之外。倘若有一个熟知企业的人来帮助我们，排除地雷就会容易得多，这就是教练的作用。其能为你提供和解释当前情况、各种影响力等相关信息。教练的作用更多的是可以指导你的销售。

倘若在一笔业务中，你仅仅只约见了客户方的老总，而没有去和对方的财务经理、采购经理、技术把关者进行沟通并使他们达成一致意见的话，那么销售的顺利进行将变得很危险。与这四类人接触时，我们要注意了解他们的不同需求，观察他们的态度，影响他们的评估，一旦发现问题及时攻克。

关键人物能否持比较开放的态度，可以作为销售员销售进程好坏的一个"晴雨表"。尤其是当他的企业有几个供应商时，他是否对你持开放的态度，是否愿意和你聊一聊，可以反映出你最终能否成交。如客户对你的态度不够开放，应该及时找出原因，并加以改正。

的确，关键人物的性格与作用力对销售活动影响极大，绝对不可忽略。只有掌握这些，才能确定自己做什么和怎么做。这就是《孙子兵法》讲的，"胜兵先胜而后求战，败兵先战而后求胜"。我们不是要撞大运，而是要胸有成竹，这才是真正的求胜之道。

# 有效风险评估，走出营销困局

销售活动与其他活动一样，也会伴随着风险的存在。关键是要对风险进行有效评估，进而走出营销中的困局。

### 1. 风险评估

对于客户风险，可以从以下几点来评估。

一是对客户规模和预算的评估。企业的规模和用于指定产品和服务的预算，简单地说客户准备花多少钱。糟糕的情况是其实客户买不起你的产品，所以根本不是你的机会。

二是对客户资金状况和信誉的评估。在中国这是尤其要考虑的因素，有些客户在一开始就会明确地告诉你，可能要一年后才付你的货款。即使你非常相信客户的信誉，但还是不得不考虑你的现金流能否支持这单生意。如果客户的信誉有问题，那100%不是你的潜在客户。

三是对产品、技术和服务能否满足客户需求的评估。如果公司的产品、技术和服务的水平与客户需求差距不大，你还可以以专家的身份和顾问销售的方式来影响客户的采购标准，缩小之间的差距。但如果差距太大，那放弃恐怕是明智的选择。

四是对与客户关系紧密程度的评估。这点比较容易理解，老客户就比新客户的风险要小得多。

五是对竞争对手优势和劣势（产品、价格、服务）的评估。竞争恐怕是商业活动中无法回避的现象，分析与竞争对手之间在产品、价格、服务方面的优势和劣势，有助于了解本企业在这个项目中的成功把握有多大。不同的项目，双方的优势和劣势都是在不断地变化当中。

六是对进入时机的评估。一般来说工业品大客户销售，进入得越早，可以与其建立关系，影响客户的采购标准，成功的概率就越大。

七是对能否带来其他商机的评估。这是个打市场赢得知名度的订单，就是竞争再激烈风险再大也要上。

### 2. 风险防范

至于销售风险的防范，主要应该从以下几个方面入手。

一是要提高识别销售风险的能力。销售人员应随时收集、分析并研究市场环境因素变化的资料和信息，判断销售风险发生的可能性，积累经验，培养并增强对销售风险的敏感性，及时发现或预测销售风险。

一般而言，营销活动必须在充分掌握了相关信息资料的基础上才能顺利展开，否则企业营销活动就会产生风险。同时营销人员还必须了解客户相应的信息，如产品销售是否正常、是否出现催要款项的情况等，通过深入客户的现场调查来分析判断交易是否存在风险。

二是要提高风险的防范能力，尽可能规避风险，特别是全局性的重大的销售风险。可通过预测风险，从而尽早采取防范措施来规避风险。在销售工作中，要尽可能谨慎，最大限度地杜绝销售风险发生的隐患。

三是在无法避免的情况下，要提高处理销售风险的能力，尽可能最大限度地降低损失，并防止引发其他负面效应和有可能派生出来的消极影响。

当风险产生以后，如何面对风险，是决定风险能否正确和顺利处理的关键。风险的发生会给企业带来损害，也可能给社会、顾客带来损害。首先应该诚实地面对社会和顾客，一方面，最大限度地减少对社会和顾客的损害；另一方面，快速采取措施制止风险的扩大和扩散。如果风险产生后，企业回避、推脱甚至辩解，反而会使风险扩大，损害增加。

1999 年 6 月在欧洲发生的可口可乐饮料污染事件，就是可口可乐公司面对的一次风险。可口可乐公司采取的措施：其一是由公司高层管理者飞赴比利时、法国处理饮料污染事件，并向受害者道歉。其二是委托权威机构对风险原因进行调查并将结果向公众公布。其三是控制和影响信息发布源。通过采取一系列措施，最终成功地控制了风险的损害程度。

四是依法处理。国家为了规范市场行为，保护公平竞争，维护企业合法权益，制定了一系列相关的经济法律和法规，如《合同法》《价格法》

《反不正当竞争法》等。销售人员应该了解相应的法律法规，在营销活动中依法办事。

在日常业务往来中，对一些具有潜在风险的业务，首先，依法签订好合同，签订合同是预防风险的第一道门槛。其次，当因为对方的原因而给企业造成风险后，应该当机立断，积极寻求法律途径处理风险。

第六章

# 良好的客户关系，是孕育催生大订单的孵化器

销售从表面上看，销售的是产品或者服务，实则是销售人际关系。与其说客户购买我们推销的产品或者服务，倒不如说因为跟我们良好的关系而给面子。套用托尔斯泰的话就是，大客户购买不是因为产品，而是因为关系和交情。

# 积极主动创造与大客户相识的机会

销售人员可以自己选择接近客户的方式，比如电话、信函、直接拜访、通过大客户熟人或者身边人接触、通过会议等公共场合接触，都可以结识大客户。

当然，不论通过何种方式结识大客户，都要进一步创造面谈的机会。面谈时，未必是直奔主题，而是要注意以下几个方面。

### 1. 随机应变"巧"约客户

第一次与客户见面，或许能给客户留下好印象，很轻松地使客户愿意与我们继续交往。但有的客户表现得较为冷淡和戒备，让我们不知该如何与他们继续交往。所以，关键要抓住客户的心理状态。客户的心理状态不同，采取的破解办法也就不同。

重要的是，要突破自身的心理障碍，大胆地对客户提出还会再次来访，不能因为客户态度不够热情就主动放弃再见的机会。

### 2. 把握细节对症下药

我们能与客户首次见面，就说明已有了机会，只是没有好好把握机会。要改善这种被动的僵局，就必须学会从细节中把握机会。例如，在第一次与客户见面时，需细心观察客户，了解客户的兴趣喜好、工作习惯、生活习惯。这些细节的积累，是销售人员再次拜访客户的钥匙。在了解了客户的兴趣爱好、工作习惯、生活习惯后，就可以考虑是否可以以他的家人为突破口，进一步与客户拉近距离了。

### 3. 交友为上不急不躁

如果第一次见面能让客户感受到轻松愉悦，给客户留下"相见恨晚"

"意犹未尽"的感觉，那么销售人员将很容易获得与客户再次见面的机会，客户甚至会主动约你。

销售人员要牢记一点，只有给客户留下好的第一印象，才能很轻松地获得与客户再次见面的机会，如果想长久地与客户相处下去，那么就要多考虑一下如何在第一次与客户见面时有一个精彩的表现，怎样做才能让客户愿意与我们继续交往下去。

"与客户交朋友"是维护客户关系的基本要求，但许多销售人员在与客户交往时常常急功近利，这种做法只会让客户生厌，从此以后客户便拒我们于千里之外，不愿再与我们见面。

### 4. 攻心为上打动客户

如果第一次约见客户时，让他们觉得与我们交往是一件有意义的事情，那么许多问题就迎刃而解了。如何才能让客户觉得与我们交往是有意义的呢？答案是，销售人员丰富的阅历和知识能让客户在谈话中获得真知灼见，收到"听君一席话，胜读十年书"的效果。

我们常常强调个人魅力、亲和力和影响力对销售的影响，因此，销售人员要以虚心的态度不断地向实践学、向书本学、向能人学、向客户学以及向竞争对手学。在学习和实践中，不断提高自己的职业素养、综合素质和竞争优势，以确保自己在销售过程中从容不迫，应对自如，并能给客户留下深刻的印象，把销售的机会留给自己。

## 公司实力及个人诚信是建立良好关系的助力器

企业实力主要包括财力、生产能力、技术水平、管理水平、销售能力等。如果企业的实力比较强，可以采用无差别市场营销或差别市场营销策略；反之，企业资源有限，实力较弱，难以有效覆盖整个市场，则最好实行集中市场营销策略。而对于销售人员来讲，选择一家有实力的公司，则有助于与客户建立良好的关系。所以，销售人员在选择公司时，应该认真考察企业实力，最终做出慎重选择。

除了公司实力，还要有个人诚信。

不论现代商业规模或者商业模式，发展到如何登峰造极的程度，能够在商场上成功，最根本的原因依然是靠"诚信"二字。它是一切商业活动的基础。建立在诚信基础上双赢的商业关系，才能够谈生存、谈发展，否则一切皆是空。要小聪明、小伎俩，左钻空、右钻洞的商业小人必被拍死在谎言的沙滩上；在现代商业环境中，没有诚信根基的人，不论眼前利益有多少，终将迷失在金钱面前人财两空。

只有从心底诚信的人，说出的话才能掷地有声；只有言之必达的人，才能够树立起经商威信；只有信守承诺的人，才能够建立牢不可破的信任；只有超越他人的诚信，才能比他人走得更远。

李嘉诚和周正毅的故事，可以给我们一些启示。

李嘉诚号称华人首富，周正毅曾是上海首富。二人都是从穷人变为富人、个人奋斗的典型，然而李嘉诚成为财富的榜样，周正毅却深陷班房。原因何在？周正毅找香港京华山国际投资公司首席顾问刘梦雄帮忙收购香港的公司时，刘梦雄经过多方调查，为周正毅找到了一个拥有几亿现金的公司，事成之后周正毅赖掉了几千万的佣金。刘梦雄对周正毅说，这样没诚信，你注定要失败。相反，当李嘉诚决定并宣布出售香港电灯集团公司股份时，港灯即将宣布获得丰厚利润，有人建议李嘉诚暂缓出售，但李嘉诚坚持按原计划出售。李嘉诚说赚钱并不难，难的是保持良好的信誉。对诚信不同的态度，于是有了二人今天不同的结局。

美国著名出版家哈伯德指出，"诚实是建立信誉的最佳途径""诚实是致富的圣经"。这是十分深刻的见解。他认为在商业社会中，最大的危险就是不诚实和欺骗。那些用动人的广告来哄骗消费者，用投机取巧的方法来欺骗顾客，虽然暂时可以赚到一些钱，但商人的信用和人格将丧失殆尽。他说，在美国众多商行中，很少有长达上百年历史的。过去美国大多数商店都如昙花一现，这些商店在开业时通过欺骗的方式吸引了许多顾客的注意，固然繁荣一时，但是他们的繁荣是建立在不诚实和欺骗基础上的，不久这些商店就关门大吉了。他们以为可以从欺骗顾客中得到好处，事实上，他们的欺骗手段终于被顾客发觉，于是许多商店的业绩日趋下降，业务逐渐紧缩，导致歇业破产。因此，哈伯德得出结论：诚实信用的声誉是世界上最好的广告。与一个欺骗他人、没有信用的人相比，一个诚实信用的人的力量要大得多。

诚信，有诚则有信。做一个诚信的人，首先是要诚实，有诚意，而后才能获得信任。那么什么是诚呢？一是不欺，既不自欺亦不欺人。二是过而能改，中国古代圣哲强调知过即改，这是诚实的一种表现。三是信守承诺。四是诚信待人，古人认为诚信是人的修身之本，也是一切事业得以成功的保证。五是言行一致，就是《礼记·中庸》中说的"言顾行，行顾言"。能够做到这些，还担心没有良好的商业人际关系吗？

## 善于利用不同形式的沟通渠道

沟通与交流是销售人员的工具。古人说："工欲善其事，必先利其器。"那么，应该如何来打磨自己的沟通利器呢？我们列出几项，以供参考。

### 1. 热情

热情是服务的根本，冷漠是客户背弃的开始。大家都知道汤姆·霍普金斯，他是连续八年全世界的房地产销售冠军。

有一天，有一个人去买面粉，回来的时候发现里面夹着一张名片，上面写着汤姆·霍普金斯，他非常的生气。他第二次、第三次买回来的时候还是这样子，他就把这个名片撕了。

第四次的时候，当他买面粉回来以后，首先不是看面粉品质好不好，而是看看有没有汤姆·霍普金斯的名片。当发现还有的时候，他问卖面粉的老板："为什么会有这样的名片？"

老板回答说："汤姆·霍普金斯是我认为的全世界最有热情的人。我见到他的时候，他给我带来的是不可抗拒的魅力和热情。我和他是很好的朋友，同时我也希望很多的朋友能够跟汤姆·霍普金斯成为朋友。"

可见，热情的感染力量太大了。

### 2. 关注

不管任何商业的来往，都是一种人际关系的生意。如果把人际关系做好，不管你从事任何一个行业，都会对你产生巨大的推动作用，因为我们卖任何产品都是通过人的方式进行交易的。

乔·吉拉德平均每天可以卖6辆汽车，他被誉为可以在任何时间和地点向任何人推销任何产品的传奇式人物。这样了不起的人物也曾由于没有认真关注客户的需要，丢掉过生意。有一个客户到他这里买汽车，谈到最后要付现金的时候，客户又把这个钱放进口袋，突然决定不买了。

乔·吉拉德晚上给客户打了个电话，询问白天没有购买汽车的原因。客户说："你知道我为什么不买你的汽车吗？当我将要付款的时候，我告诉你我的孩子学习成绩怎么好，我的孩子怎么聪明，我的孩子怎么棒的时候，我发现你没有一点心思关注我的快乐，你的两只眼睛始终盯在我掏钱的姿势上，你所有的目光都聚焦到我的钱上，所以我决定不再买你的产品。"

可见，当你不能关注客户的需要，不能从你的内心世界、你的眼神、表情上关注客户的需要时，你的客户会离你远去。此事过去后，乔·吉拉德加强了自我修炼，方才有后来的成就。

### 3. 喜欢

喜欢就是发自内心的，愿意接纳你的客户，发自内心感受客户。不是客户买你的产品你就喜欢，而是不管客户在与不在，在你的内心深处你都是想到他，给你带来正面的感觉。当我们不喜欢一个客户的时候，我们的内在和外在不统一的时候，我们的影响力就大大的下降。

### 4. 宽容

你宽容的时候，客户会体会得到。这个时候，如果客户还要做对不起你的事情，他就会心存内疚。这样的关系，自然就好处了。

### 5. 尊重

希望获得尊重，乃是所有人类的强烈愿望。尊重是客户最希望获得的核心的关键愿望，因为人类最深切的渴望就是成为重要人物的感觉。你给了客户尊重，客户会产生感激。一旦一个人对你产生感激的时候，他就会用具体的行为感激你。你有没有让你的客户觉得很重要，有没有让你的客户感觉到是你给了他这种重要的感觉，只是非常关键的问题。如果你给了客户这种感觉，而竞争对手没有给他这种感觉的时候，那么你的客户做选择的时候，当他面对跟竞争对手做比较的时候，他的感性部分就会向你倾斜。

的确，关系是沟通与交流出来的。而且，作为销售人员，还要善于利用不同形式的沟通渠道。比如，正式沟通渠道，非正式沟通渠道，以及两种沟通渠道的结合使用。随着互联网和局域网的发展，沟通方式越来越便捷，销售人员都可以而且应该善加利用。

# 实时进入大客户的工作及生活中

销售工作，尤其是大客户销售工作的最高境界，同时也是最高的招数，就是实时进入大客户的工作及生活中，与他打成一片，不分彼此。

从本质来讲，营销不是卖东西，而是买进意见——根据客户的意见不断改进，达到让客户满意，最后就买到了客户的忠诚度。大客户是重要的销售对象，明确大客户的切实需求是做好大客户销售工作的重要步骤。在销售过程中要使客户对产品或者服务产生关注，并且达到满意的效果，必须对客户有全面而翔实地了解。

另外，完美的销售应该能为客户带来其需求的满足，因此以客户需求为中心，销售人员就应该保持一颗细致的心，不断在与客户接触的过程中，寻求自己达成交易所需要的信息，寻找"软弱"的地方，进行一一攻破。

在各种类型的公司中，销售一直是公司高层高度关注的事情，因为销售直接关系着公司的现金流、关系着公司的可持续发展，尤其是大客户，利润高，销量大，更应是公司优先关注的20%。

### 1. 沟通为王，增值服务

销售的本质在于沟通和服务，而要做好沟通和服务，首先必须明确客户类型。总的来说，客户分为四类，即分析型、支配型、和蔼型和表象型。不同类型的客户有不同的应对方法，只有准确把握客户秉性，才能和客户打成一片，为最终成交做出贡献。

哈佛大学一项针对3500多名销售员所作的研究显示，成功的销售员主要有两个方面的特征，一个要有同理心，即无论对方是总统，还是海军战士都要知道对方的所思所感；另一个是自我驱动力确定的享受与客户相处的过程，这就是说一定要勤奋，而且要与客户相处得快乐，善于与客户进行沟通。

### 2. 客户管理，终生增值

说到本质，就是开发老客户比新客户要容易很多，而且老客户的收益也很显著。目前，各大公司都非常重视客户管理，建立了相应的 CRM（Customer Relationship Management，客户关系管理系统）。更为先进的甚至建立了 CEM（Client Experience Management，客户体验管理），以强调客户体验的管理系统，既实现了客户开发增值，又为客户提供了卓越的体验。更为重要的是，通过 CRM 管理，牢靠建立客户忠诚度，让客户终生伴随公司成长，同时让公司对客户需求的变化做出灵敏反应，使公司健康持续的制定按需而变的增长策略。

### 3. 德行兼备，细节过硬

在与客户打交道时，要做到德行兼备，特别是许多做人的细节上。

荀子说："君子宽而不慢，廉而不刿，辩而不争，察而不激，寡立而不胜，坚强而不暴，柔从而不流，恭敬谨慎而容，夫是谓至文。"意思是，君子心胸宽广却不怠慢他人，有原则却不伤害他人，善于雄辩却不与人争吵，明察事理而不偏激，品行正直却不盛气凌人，坚定刚强却不凶暴，柔顺温和却不随波逐流，恭敬谨慎并能宽容大度，这样就叫作德行完备。

说起来似乎比较简单，可是要真正做到这个境界，就需要付出修养心性的功夫了。

但是，立志做一个杰出的销售人员，首先就要做一个君子人。因为只有君子人才能从凡夫俗子中超拔出来，然后才能站得高看得远，才有一览众山小的气魄与智慧。

## 追得太紧不如适当放手

一位有经验的销售人员曾经说过，销售工作没有什么捷径，在销售过程中保持平和稳重，不失风度地等待，才更能够赢得客户的赞许。对于销售人员来说，如果过于急躁，也会影响自己的业绩。作为销售人员，一定要学会心平气和，踏实稳重。正所谓干什么事都得一步一个脚印地走，稳中才能求胜，过于急躁反而会漏洞百出，即使得到一时的利益，也会对长远的发展造成不良的影响。

在销售工作中，抱有急躁心理的销售人员不乏其人。很多销售人员在工作时心急火燎，总是希望能够尽快和客户签单，一旦客户迟疑一点，销售人员就开始沉不住气，对客户一催再催，这样不仅容易引起客户的反感，还会对今后的合作产生不利的影响。况且，以这种态度对待客户不仅不正确，更是不礼貌的。客户之所以没有马上签订合约，也许是有着自己的考虑和安排，作为销售人员，应该学会耐心等待，这一方面是对客户的尊敬，另一方面也表现出自己的稳重，同时也会避免在销售过程中出现不必要的错误。

从更大的角度来看，急躁不仅不能成事，反而会误事，更有可能会使人因为急于求成而不得，进而走向消极，甚至灰心绝望。毕竟，在销售过程中，不会每次都那么顺利，遇到困难和挫折是难免的，如果一味求快，只会事与愿违。

下面是一个汽车销售人员的心得体会，其实对所有销售人员都有示范作用。

绝大多数的客户走进汽车展厅的时候，首先希望自己（注意，是自己，不需要销售顾问干预）可以先看一下展厅内的汽车。

当客户的目光聚焦的不是汽车的时候，他们是在寻找可以提供帮助的销售顾问。动作：他们拉开车门，要开车前盖，或者他们要开后盖等，这些都是信号，是需要销售顾问出动的信号。注意问题：以上这些行为提示我们，在客户刚走进车行的前3分钟还不是接近他们的时候，你可以打招呼、问候，并留下一些时间让他们自己先随便看看，或者留一个口信，您先看着，有问题我随时过来。初次沟通的要点：初步降低客户的戒备，逐渐缩短双方的距离，逐渐向汽车话题转换。成熟的销售人员非常清楚，这是客户从陌生开始沟通的时候，一般不先说与车有关的事情。可以谈刚结束的车展，还可以谈任何让客户感觉舒服的，不那么直接的，不是以成交为导向的任何话题。比如，可以是与客户一起来的孩子，长的真高，多大了，比我侄子可高多了；也可以是客户开的车，或者客户开的车的车牌，您的车牌号码是特选的吧，等等。所有这些话题的目的就是为了初步降低客户的戒备，逐渐缩短双方的距离，向汽车话题转换。这前3分钟也是递交名片的好时候，也是你记住与客户同来的所有人名字的好时候。

客户需求可能会是多方面的，交通工具的背后有许多实际的需求：身份的需要；可能是运输的需要；也可能就是以车代步；更可能是圆梦。从车行的角度来看，客户的动机应该有五个重要的方面：弄清来意，购买车型，购买角色，购买重点，顾客类型。弄清来意：首先，他们到底是来干什么的？顺便的还是过路的？如果他开始仔细地看某一种确定的车型，那么看来有一些购买的诚意了。购买角色：到展厅一起来的三四个人，只有一个才是真正有决策权的人，那么其他的人是什么角色？是参谋、行家、是司机，还是秘书，还是朋友？购买重点是影响这个客户做出最终采购决定的重要因素。如果客户的购买重点只是价格，那么车的任何领先的技术对他来说都没有什么作用；如果客户的购买重点是地位，那么你谈任何优惠的价格等因素对他也不构成诱惑。

销售人员应该明白，很多时候，在销售工作中急于求成，不顾一切地蛮干，只会让事情变得更糟糕。而冷静客观地分析情况，根据不同的对象分别对待才是聪明的做法。客户有时候需要仔细地思考，认真地对比，深入地权衡才会做出最后的决定，所以，销售人员要给客户思考的时间，不要反复催促，以免引起客户的反感。最合适的做法是，调节自己的情绪，以稳重的姿态来赢得客户的信赖。

总之，欲速则不达，急功近利肯定不如收放自如。但是，好的心态不是靠临场发挥就能行的，而是要靠平时一点一滴的修炼。修炼的境界决定了销售智慧，销售的策略也好，方法也好，手段也好，都是由销售人员的智慧来掌控的。

## 有的放矢，以不同的方式对待不同类型的客户

征服他人的极致状态，不是打败了他或消灭了他，而是俘获了他的心。这样一个状态下，他就不再是你向他乞求的客户，而是一个心甘情愿为你做事的忠实支持者。所以，销售人员在做大客户时，如果能够达到这种状态，才能说是工作做到了家。然而，说来容易做来难，如何让客户感动绝非一两日的修炼可以达成的境界。

既然是做人的工作，就必须深入了解你的工作对象的深层次需求或喜好，对症下药才能立竿见影。所以说，真正的销售高手是把功夫下在了对

客户的研究上，研究透了一个人之后，再做工作就事半功倍了。

以下仅列举几方面情况，以期抛砖引玉，启迪各位达至融会贯通的境界。

比如，对待政府官员。这是一个比较难对付的客户群体。有人说过中国最优秀的人才全部集中在政府，所以跟这批人精打交道就尤其费脑筋。然而却也不是没有办法，就像练武的人有穴道之说，是人都有关键点。其中，政府人员的"政绩意识"，就是最大的一个点，面对政府客户，你要始终切记帮他实实在在地考虑如何树立政绩，做到这一点便深得其心了。

另外，政府官员尤其是成功的官员，或多或少都会自恋。做到今天的位置全靠努力打拼，所以英雄惜英雄，如果你能让他从你身上看到他过去的影子，那么你就很可能获得他的垂怜。这样，不但能做好销售，还能结到忘年交。

比如，对待企业老板。这是一个不太容易说动的群体。大凡成功的企业老板，都会有自己的冷静思维，不太会因为销售人员的巧舌如簧而改变观念。但这个群体也有其关键点。首先，他们关注的是企业的发展与风险规避，而很多时候往往后者更是重中之重。所以面对老板，你也要有老板的思维，从这两个角度入手，为老板设身处地地考虑，那么你的成功就是迟早之事了。其次，与政府官员的惺惺相惜类似，就是靠你自己的努力引起对方的相惜之情，继而对你垂怜帮携。

比如，对待各级职员。这是销售人员经常要面对的群体。这个群体的特点是有一定的岗位职权，却又受到各方面的制约。所以，当面对这个群体时，一定要体会他们的难处，让他们因为跟你的这单生意在单位里能够树立成绩，并且对上下左右都有个交代。为此，你要替他想到如何向领导、同事很好的交代，而不只是自私地让他帮你。当你努力把他的担心都稳妥地解除了之后，你们的合作就没有什么问题了。要做到这一点却是很难的事情，关键是自己要学会了解情况，分析问题。

最关键的是，通过相处能够让人感而心动，那就要求你的本性必须是善良的。你在每时每刻都在设身处地地为他人考虑，才能真正感动别人；

如果只是通过耍手段去实现"感动"，则早晚会得到报应。因此，还是那句老话，"汝果欲学诗，功夫在诗外"，做好销售最终的要旨，还是要学好做人。

攻心之术之所以有效，是因为自己比别人站得高，站得高才能屈己就人。如果自己各种各样的执着心都很严重，就会看不清别人的心思，自然也就不能因势利导。

古人讲"圣人无常心，以百姓心为心"，就是因为圣人没有自己的私心私欲，所以才能迁就普通百姓。即便我们做不到圣人的境界，但是往这个方向努力总是正确的。做到什么境界，就有什么样的智慧。以高出常人境界的智慧来搞销售，那自然远胜于常人，这也是不争的事实。

第七章

# 智慧约见，迈向实质成交
# 最为关键性的一步

跟大客户交往，无时不需要智慧，而初次约见无疑则更需要智慧。这样的约见可谓承上启下，尤其决定着能否成交。所以要充分准备，成竹在胸。但是，高度重视并非战战兢兢，张弛有度、收放自如，才是成功的心态。

# 做好约见前的预热工作

约见是指销售人员与客户协商确定访问对象、访问事由、访问时间和访问地点的过程。约见在推销过程中起着非常重要的作用。它是推销准备过程的延伸，又是实质性接触客户的开始。接近是指在实质性洽谈之前，销售人员努力获得客户接见并相互了解的过程，是实质性洽谈的前奏。

"只要肯干活，就能卖出去"的观念已经过时了，取而代之的是"周详计划，省时省力"。拜访时的参与者只有顾客，要想取得进步首先要以挑剔的眼光看待自己的努力，然后决定做什么。

### 1. 第一印象的准备

上门拜访顾客尤其是第一次上门拜访顾客，难免相互存在一点儿戒心，不容易放松心情，因此营销人员要特别重视自己留给别人的第一印象，成功的拜访形象可以在成功之路上助你一臂之力。

● 外部形象：服装、仪容、言谈举止乃至表情动作上都力求自然，就可以保持良好的形象。

● 控制情绪：不良的情绪是影响成功的大敌，我们要学会遥控自己的情绪。

● 投缘关系：清除顾客心理障碍，建立投缘关系就建立了一座可以和顾客沟通的桥梁。

● 诚恳态度："知之为知之，不知为不知"，这是老古语告诉我们的做人基本道理。

● 自信心理：信心来自于心理，只有做到"相信公司、相信产品、相信自己"，才可以树立强大的自信心理。

## 2. 内部准备

● 信心准备：事实证明，营销人员的心理素质是决定成功与否的重要原因，突出自己最优越个性，让自己人见人爱，还要保持积极乐观的心态。

● 知识准备：上门拜访是销售活动前的热身活动，这个阶段最重要的是要制造机会，制造机会的方法就是提出对方关心的话题。

● 拒绝准备：大部分顾客是友善的，换个角度去想，通常在接触陌生人的初期，每个人都会产生本能的抗拒和保护自己的方法，找一个借口来推却你罢了，并不是真正讨厌你。

● 微笑准备：管理方面讲究人性化管理，如果你希望别人怎样对待你，你首先就要怎样对待别人。

许多人总是羡慕那些成功者，认为他们总是太幸运，而自己总是不幸。事实证明——好运气是有的，但好运气偏爱诚实，且富有激情的人！

## 3. 外部准备

● 仪表准备："人不可貌相"是用来告诫人的话，而"第一印象的好坏90％取决于仪表"，上门拜访要成功，就要选择与个性相适应的服装，以体现专业形象。通过良好的个人形象向顾客展示品牌形象和企业形象。最好是穿公司统一服装，让顾客觉得公司很正规，企业文化良好。

● 资料准备："知彼知己，百战不殆"，要努力收集顾客资料，要尽可能了解顾客的情况，并把所得到的信息加以整理，装入脑中，当作资料。你可以向别人请教，也可以参考有关资料。作为营销员，不仅仅要获得潜在顾客的基本情况，如对方的性格、教育背景、生活水准、兴趣爱好、社交范围、习惯嗜好等以及和他要好的朋友的姓名等，还要了解对方目前得意或苦恼的事情，如乔迁新居、结婚、喜得贵子、子女考上大学，或者工作紧张、经济紧张、充满压力、失眠、身体欠佳等。总之，了解得越多，就越容易确定一种最佳的方式来与顾客谈话。还要努力掌握活动资料、公司资料、同行业资料。

● 工具准备："工欲善其事，必先利其器"，一位优秀的营销人员除了具备锲而不舍的精神外，一套完整的销售工具是绝对不可缺少的战斗武器。调查表明，销售人员在拜访顾客时，利用销售工具，可以降低50%的劳动成本，提高10%的成功率，提高100%的销售质量。销售工具包括产品说明书、企业宣传资料、名片、计算器、笔记本、钢笔、价格表、宣传品等。

● 时间准备：如提前与顾客预约好时间应准时到达，到的过早会给顾客增加一定的压力，到的过晚会给顾客传达"我不尊重你"的信息，同时也会让顾客产生不信任感，最好是提前5~7分钟到达，做好进门前准备。

# 一定要选择好提示对方约见的方式

现代社会中，一般情况下都是买方市场状态，客户处于主动地位，销售人员处于被动地位。所以，销售人员一定要选择好提示对方约见的方式，以利于促成约见活动。具体应注意以下方面。

### 1. 确定约见对象

曾有如下一件事。

一名浙江推销员与四川某电机公司的购货代理商接洽了半年多的时间，但一直未能达成交易，这位销售员感到很纳闷，不知问题出在哪里。反复思忖之后，他怀疑自己是否与一个没有决定权的人打交道。为了证实自己的猜疑，他给这家机电公司的电话总机打了一个电话，询问公司哪一位先生管购买机电订货事宜，最后了解到进货决定权在公司总工程师，而不是那个同自己多次交往的购货代理商。

上述事例说明，弄清谁是真正的买主，关系到销售工作的效率和成败。销售人员要搞清楚约见对象，认准有权决定购买的人进行造访，避免把精力放在无关紧要的人身上。

### 2. 确定访问时间

要想推销成功就要在一个合适的时间向合适的人推销合适的产品。

尽量为客户着想，最好由客户来确定时间。

应根据客户的特点确定见面时间。注意客户的生活作息时间与上下班规律，避免在客户最繁忙的时候约见客户。

应视推销产品与服务的特点确定约见与洽谈的时间，以能展示产品及服务优势的时间为最好。

应根据不同的访问事由选择日期与时间。

约定的时间应考虑交通、地点、路线、天气、安全等因素。

应讲究信用，守时。

合理利用访问时间，提高推销访问效率。如在时间安排上，在同一区域内的客户安排在一天访问，并合理利用访问间隙做与销售有关的工作。

### 3. 确定访问地点

在与客户的接触过程中，选择一个恰当的约见地点，就如同选择一个恰当的约见时间一样重要。就日常生活的大量实践来看，可供约见的地点有顾客的家庭、办公室、公共场所、社交场合等。约见地点各异，对推销结果也会产生不同的影响。为了提高成交率，推销人员应学会选择效果最佳的地点约见客户。从"方便客户，利于推销"的原则出发择定约见的合适场所。

家庭：如果销售宣传的对象是个人或家庭，拜访地点无疑以对方的居所最为适宜。有时，销售人员去拜访法人单位或团体组织的有关人士，选择对方家庭也往往能收到较好的促销效果。当然，在拜访时如有与对方有良好关系的第三者在场相伴，带上与对方有常年交往的人士的介绍信，在这些条件下选择对方家庭作为拜见地点要比在对方办公室更有利于培养双方良好的合作气氛。如果没有这些条件相伴，销售人员去某单位负责人家里上门拜访，十有八九会让对方产生戒备心理，拒你于大门之外。

办公室：选择办公室作为约见地点，双方有足够的时间来讨论问题，反复商议以达成共识。与家庭相比，选择办公室为拜访地点易受外界干扰，办公室人多事杂，电话声不断，拜访者也许不止一个，因此，选择办公室作为造访地点，销售人员应当设法争取顾客对自己的注意和兴趣。同时，若对方委托助手与你见面，你还必须取得这些助手们的信任与合作，通过这些人来影响买主做出决定。

社交场地：美国著名的营销学家斯科特·卡特利普曾说过这样的话："最好的推销场所，也许不在顾客的家庭或办公室里，如果在午餐会上，网球场边或高尔夫球场上，对方对你的建议更容易接受，而且戒备心理也比平时淡薄得多。"我们看到国外许多生意往往不是在家里或办公场所谈成的，而是在气氛轻松的社交场所，如酒吧、咖啡馆等。在中国的南方如广州等地，销售人员与顾客见面洽谈也愿意在吃早茶、进娱乐厅时进行。对于某些不爱社交，又不愿在办公室或家里会见销售人员的顾客来说，选择公园、茶馆等公共场所，也是一个比较理想的地点。

### 4. 约见方法的运用

书信约见：书信约见是销售人员利用各种信函约见顾客的一种联系方法。这些信函通常包括个人书信、会议通知、社交请柬、广告函件等，其中采用个人通信的形式效果最好。销售人员在进行书信约见时，要注意以下问题。

第一，文辞恳切。利用书信的形式约见顾客，对方能否接受预约，既要看顾客的购买需求，也要看销售人员是否诚恳待人。一封言辞恳切的信函，往往能博得顾客的信任与好感，也使对方同意与你见面的机会大大增加。

第二，简单明了。用书信与顾客约见时，应尽可能做到言简意赅，只要将预约的时间、地点和理由向对方说清楚即可，切不可长篇大论。

第三，投其所好。约见书信必须以说服顾客为中心内容，投其所好，供其所需，以顾客的利益为主线劝说对方接受约见要求。如销售人员想用"物美价廉"四字激发某果品公司采购员的购买欲望，在约见书信中不妨写上"汁多味甜，色艳爽口，每千克1.5元"一段话更好。前者虽用词简练，但过于抽象；后者具体而翔实，给人一种形象感。

电话约见：电话约见是现代销售活动中常用的方法，它迅速、方便，与书信相比可节省大量时间及不必要的费用。由于顾客与销售员之间缺乏相互了解，电话约见也最容易引起顾客的猜忌，所以销售人员必须熟悉电话约见的原则，掌握电话约见的正确方法。

当面约见：是销售人员对顾客进行当面联系拜访的方法。这种约见简便易行，也极为常见。销售人员可以利用各种与顾客见面的机会进行约见，如在列车上与顾客相识的时候、在被第三者介绍熟悉的时候、在起身告辞的时候都可以成为你与对方约见的机会。在许多场合，当面约见是在顾客不知其事，毫无准备的情况下进行的。销售人员根据事先得到的信息，按照对方的单位地址，不经事先预约突然上门当面求见的，因此难免会干扰对方工作，占用对方的时间。为此，一些销售人员会遇到对方的冷遇、怠慢，有时少数顾客还故意安排秘书、助手挡驾，给销售员设置各种求见障碍。销售人员如何排除当面约见时顾客的消极态度，使双方的洽谈有一个良好的开端，是一道难题。

电子邮件：在当今互联网的应用越来越普及的时代，电子邮件为销售人员提供了新的销售手段。电子邮件约见的前提是要知道对方的邮件地址。到目前为止，我国已有 1690 万网民，而且有越来越多的人会加入其中。当今，有许多人的名片上都留有 E－mail（电子邮件）地址。销售人员应该充分利用这一新兴的联系手段，或许会得到意想不到的收获。另外，网上联系成本低、方便、快捷，而且可在邮件中附有产品或服务的简介。但一定要突出最能吸引对方的特点，不可做广告一样发送电子邮件。另外，电子邮件配合电话等工具，可能会收到更好的效果，因为，在电话中很难把事情讲得翔实，但电话可以提醒对方去查看电子邮箱，而且电子邮件不受上班时间的限制。很多公司负责人是在闲暇时，心情比较好的时候才上网查看邮件，这也有利于提高约见的成功率。

## 成功在于慢半拍，太过直接小心对方心存防备

现代营销理论认为，推销产品首先是推销自己。如果顾客对销售人员不信任，他就不可能相信你的产品，更谈不上购买你的产品。在通常的印

象中，能说会道总是推销的最有力武器。多数公司热衷于招聘口若悬河的销售人员。事实上，口才与销售成功与否并不存在正比例的关系。好的销售人员懂得什么时候该说，什么时候该闭嘴。国内外许多研究报告中提出，人们对销售人员的评价和看法，总是先入为主，有"首次印象效应"在起作用。如何接近客户，给客户留下良好的首次印象呢？

销售人员必须减轻客户的压力。当销售人员接近客户时，客户一般会产生购买压力，具体表现为：冷漠或拒绝；故意岔开话题，有意或无意地干扰和破坏推销洽谈。

因此，在上述情况下，销售人员要成功地接近客户，就必须想方设法减轻客户的心理压力。根据实践可采用以下几种方法。

一是情景虚构法。销售人员不是以客户为直接推销对象，而是虚构一个推销对象，让客户感觉销售人员不是向自己而是向他人推销。

二是非推销减压法。如提供产品信息、向客户提供帮助等。

三是征求意见法。销售人员首先告诉客户访问的目的是听取意见和反应，而非推销。

四是直接减压法。销售人员明确告诉客户如果听完推销建议没兴趣，可以随时让自己离开，不必难为情。

五是利益减压法。销售人员首先让客户相信这次会谈是完全值得的。把客户的注意力转移到关心他自身的利益上来。

六是演示接近法。

"我可以使用一下您的打字机吗？"一个陌生人推开门，探着头问。在得到主人同意之后，他径直走到打字机前坐了下来，在几张纸中间，他分别夹了八张复写纸，并把这卷进了打字机。"你用普通的复写纸能复写得这么清楚吗？"他站起来，顺手把这些纸分发给办公室的每一位，又把打在纸上的字句大声读了一遍。毋庸置疑，来人是上门推销复写纸的推销员，疑惑之余，主人很快被复写纸吸引住了。

这是出现在上海浦东开发区某家誊印社的一个场景。

这是一种比较传统的推销接近方法。在利用表演方法接近顾客的时候，为了更好地达成交易，推销员还要分析顾客的兴趣爱好、业务活动、扮演各种角色，想方设法接近顾客。

七是馈赠接近法。销售人员利用赠送礼品的方法来接近顾客，以引起顾客的注意和兴趣，效果也非常明显。在销售过程中，销售人员向顾客赠送适当的礼品，是为了表示祝贺、慰问、感谢的心意，并不是为了满足某人的欲望。在选择所送礼品之前，销售人员要了解顾客，投其所好。值得指出的是，销售人员赠送礼品不能违背国家法律，不能变相贿赂。尤其不要送高价值的礼品，以免被人指控为行贿。

八是赞美接近法。卡耐基在《人性的弱点》一书中指出："每个人的天性都是喜欢别人的赞美的。"现实的确如此。赞美接近法是销售人员利用人们希望赞美自己的愿望来达到接近顾客的目的。这一点对于女性更是如此。

在赞美对方时要恰如其分，切忌虚情假意、无端夸大。无论如何，作为一个销售人员，时时要记住，赞美别人是对自己最有利的方法。

总之，成功在于慢半拍，太过直接的话，就要小心对方心存防备。为了解除防备，销售人员就要采用各种有效策略和方法。

## 学会引导，不妨从技术性交流开始

如果产品有一些技术含量，它的用户不是靠着说明书或日常经验，就能了解不同产品之间的分别的，因为性能比较复杂，所以性价比这个东西没有受过专业训练的人是不能够轻易辨别的，这时候销售人员的价值就体现出来了。如果光靠情感交流，销售人员未必能够随心所欲。这时，销售引导，不妨从技术性交流开始。因为从技术性交流开始，就完全是销售人员的强项了。

优秀的销售人员可以依靠自己的专业知识和沟通能力，在产品和用户之间架起一道桥梁，让用户可以更加容易准确地了解掌握自己销售的产品，从而得到满意的服务。

要知道，顾客表面上看起来是购买产品，本质上是要购买服务。销售人员推销产品，首先要向顾客介绍关于产品的知识。如果销售人员对所推销的产品并不十分熟悉，只了解一些表面的、浅显的情况，缺乏深入广泛的了解，不能很好地把产品的性能、特点等介绍给顾客，不能让顾客真正了解产品，销售就不可能成功。

因此，销售人员应充分了解产品的情况，掌握关于产品的丰富知识。如产品类型、规格、性能、技术指标、质量水准、生产工艺、使用方法、老顾客的使用情况，本企业产品与其他企业同类产品的竞争优势、价格情况和产品发展前景，本企业产品与社会文化传统和地域消费习惯的关系，以及本企业产品的不足或有待改进的方面等。例如，某微波炉厂的一位销售人员将产品知识和自己在大学学习的机电知识结合起来，在向顾客介绍产品情况时，把微波炉的内部结构、技术性能和使用时的注意事项等说得明明白白，顾客听得心服口服，迅速做出了购买决定。

销售人员应该从以下几个方面来了解自己的产品。

一是优点。顾客之所以购买某种产品，是因为使用该种产品能解决他的某些问题，他所需的是产品的好处，也就是产品的功能之所在。

二是成分及生产工艺。熟悉产品有什么样的成分，是什么样的生产工艺。

三是性能价格比。如今的消费者变得越来越现实了，他们在选购商品方面由原来的注重价格因素，转为注重价格和性能双重因素。因此，强调产品的性价比也是与顾客沟通的一个主要内容。

四是竞争力。当今市场，竞争异常激烈，要想使自己的产品在竞争中脱颖而出，就必须让自己的产品富有特色。对于销售人员来说，在与顾客沟通的过程中，必须要把自己所销售产品的特色介绍清楚。这些特色可以表现在产品名称、材料、质地、规格、美感、颜色、包装、功能、科技含量、价格、结算方式、运输方式、服务、市场占有率、顾客满意度等方面。

五是同类竞争对手的产品。只有了解竞争对手的产品，销售人员才能对顾客做出分析，帮助顾客做出有效的比较。但销售人员不能批评竞争对手，只能做分析。

六是缺点。每一样产品都会有缺陷和不足，不讳言产品的缺点会让顾客觉得你很真诚，让你有机会建立和维护顾客关系，并让顾客成为你推销的产品良好的"宣传员"。

## 如何激发大客户的需求

记得一位伟大的销售员曾经说过："当你让一个人了解他自己的需求是什么时，剩下的他会自己努力去得到。"所以，销售最伟大的境界不是把你的东西卖出去，而是让对方觉得非买你东西不可。

时下有注意力经济和注意力营销的概念，可见顾客注意力的重要性。谁能吸引顾客更多的注意，谁就拥有更多的商机。

专家们在研究推销心理时发现，洽谈中的顾客在刚开始的 30 秒钟所获得的刺激信号，一般比之后 10 分钟里所获得的要深刻得多。开始即抓住顾客注意力的一个简单办法是去掉空泛的言辞和一些多余的寒暄。为了防止顾客走神或考虑其他问题，开场白上多动些脑筋，开始几句话十分重要并且是非讲不可的，表述时必须生动有力，句子简练，声调略高，语速适中。开场白是顾客了解自己的利益所在，并吸引对方注意力的一个有效的思路。

提问是引起顾客注意的常用手段。在销售访问中，提问的目的只有一个，那就是了解顾客的需要。销售人员在向顾客提问时，利用适当的悬念以勾起顾客的好奇心，是一个引起注意的好办法。一位好的销售人员的提问非常慎重，通常提问要确定三点：提问的内容、提问的时机、提问的方式。此外，所提问题会在对方身上产生何种反应，也需要考虑。恰当的提问如同水龙头控制着自来水的流量，销售人员通过巧妙的提问得到信息，促使顾客做出反应。

在引起注意方面，销售人员广泛引用旁证往往能收到很好的效果。香港一家著名的保险公司的经纪人常常在自己的老主顾中挑选一些合作者，一旦确定了销售对象，公司征得该对象的好友某某先生的同意，上门访问时便这样对顾客说："某某先生经常在我面前提到您！"对方肯定想知道到底说了些什么，这样双方便有了进一步商讨洽谈的机会。

根据多年的销售经验，能在第一次拜访中就做成生意的比例只占5％。这就需要一个优秀的销售人员在日常的工作中，不断地掌握跟进方法和技巧，不断累积潜在的客户资源，达到销售越做越大的效果。

针对不同的客户情况，可以把跟进分成三类：服务性跟进，转变性跟进，长远性跟进。第一种是已经做成生意的跟进。第二种是指通过预约或者拜访知道通过努力可以达成合作的一种跟进方法。第三种是指短期内还难以达成合作的跟进方法。

所谓转变性跟进，是根据客户的态度决定的。情况有以下几种：

第一，客户对产品还是比较感兴趣，也需要这种产品，只是对价格还有不同意见。针对这种客户的跟进，最好是收集同类产品的价格情况，从自己的产品成本出发，算账给客户听，以取得对你产品价格的认可。为了达成协议，可在原报价的基础上有所下调。

第二，客户对产品很感兴趣，也想购买你的产品，但由于暂时的资金问题无法购买，对这类客户你应和对方做好协调，共同制定出一个时间表，让他把购买你的产品费用做进预算。当然这类客户不会直接说自己没钱，你要学会自己判断。有许多销售员不会跟进这类客户，想起跟进时，客户已经购买了别家的产品。

第三，客户对你的产品还没有一个很深的了解，态度暧昧，可买可不买。对这类客户要尽量把自己的产品说的浅显易懂，把产品给客户带来的好处数量化，激起客户的购买欲。客户往往最关心你的产品会给他的公司带来什么样的实惠。

第四，所谓长远性跟进，是客户根本就不想用你的产品或者已经购买了同类产品。这类客户不会因为你积极的跟进就要你的产品或者和你合作。对这类客户是不是就放弃不跟了呢？实践证明，往往这类客户会出现大买家，但你跟得太紧反而引起反感。最好的做法是和他真心实意的做朋友。周末一个温情的短信，逢年过节一张祝福的明信片，生日一个小小的生日礼物。只要你坚持不懈，这类客户会给你带来惊喜的。

销售中许多方法还要学会变通，也要自己有一定的悟性，学会不断总结自己的经验。举一反三，无师自通才是销售的最高境界。

# 以客户的角度去描述产品

大致可以将销售人员的工作质态分为三种层面。

一是下等销售层次。只考虑自己一亩三分地的利益，不考虑客户的实际困难，急吼吼地整天催客户上量上量再上量，而不考虑要使客户销售上量我们应该为客户做哪些工作。

二是中等销售层次。懂得掩饰自己，常常假惺惺地关心客户，蜻蜓点水般地走访市场，形式主义，走过场，用花言巧语和沟通技巧构成陷阱，诱骗客户就范，获得利益后暗暗窃喜。这种销售层次较常见，一般都是一开始很好，但兔子尾巴长不了，因为通过长期的交往客户最终会看透这种虚伪面目，并采取控制措施，销售就难免出现危机。

三是上等销售层次。就如无招胜有招为武功中的最高层次一样，销售人员所谓的销售技巧没有了，有的只是帮助客户成功的诚心与行动，始终坚持从客户的利益出发，为客户着想，帮助客户获得利益，同时不忘公司利益，专业、敬业、正直，赢得客户发自内心的敬重，这种销售层次即使短期内出现困难，客户也不会弃公司而去，甚至会牺牲自己的利益帮助企业，与公司一起共渡难关。

然而在市场竞争越来越激烈的今天，很多企业甚至专业培训公司在进行销售人员销售技巧培训时的主题就是"如何把梳子卖给和尚"，以能拥有将梳子卖给和尚的技巧为荣，其结果必然误导销售人员。不诚心为客户着想，将客户视为斗智的对象，无论其销售技巧有多专业，沟通能力有多强，最终总会失败。把别人当傻瓜的人，自己才是真正的傻瓜！

光大依波表以前所开展的销售只是在销售商品，从 2002 年年底全面推行顾问式销售后，销售人员所售出的除能打动人心的亲情式服务以外，还提供了专家销售服务。

一天下午，一对中年夫妇来到武汉分公司专销员小周的柜台前。

"欢迎光临依波专柜，两位看看什么类型的表，我可以帮你们介绍一下。"小周上前热情地招呼道。

"我们想给年纪大的人买块表。"两位边看边回答。

"是送给父亲吗？"夫妇点点头。

小周快速地拿出新款 147 系列，这时女士的目光停留在灰色底盘的表上，小周看出她比较满意这种颜色的表面，而且对小周所介绍表款的特点也很中意。

于是小周进一步问她："您知道，上年纪的人眼睛可能不好，不知道您父亲的视力怎样？"小周停顿了一下，"如果老人眼神不错，那么选灰色是不错的选择，因为这种色泽给人感觉是有深度、有品位。不过，一般上年纪的人由于视力不是太好，多半选择白色底盘，那样看起来不会太费力，您认为呢？"

一时的沉默，"我也不知道选哪种颜色了，两种都不错。"女士犹豫着。

"没关系，我推荐您送最保守的一种——白色，这样看起来既清晰又明快而且一目了然，选择的机会也大些。如果老人不喜欢再来换颜色也不迟，您说行吗？"

"好，就听你的推荐，白色越看越耐看，我想这个颜色会适合他的。"

就这样这笔销售成交了！

小周的关心让顾客体会到她的真诚是发自内心的，让顾客从心里接收到关心和真情，让顾客从心里感受到这种关怀是真诚的，并不会因商品的物质交易而有所虚伪。

特别是，顾客感受到她对老年人适合戴什么手表都一清二楚，完全是站在客户角度来介绍产品的。

# 积极分析，让客户跟着你动起来

引起客户的注意并不等于销售成功，引起顾客注意的最终目的是要将注意力转变为购买力。要有效地激发顾客的购买欲望，就要对各类顾客事先研究，迅速判断出顾客属于何种类型，应采用怎样的策略让客户跟着你动起来。

### 1. 从容不迫型

这种顾客严肃冷静，遇事沉着，不易为外界事物和广告宣传所影响，他们对销售人员的建议认真聆听，有时还会提出问题和自己的看法，但不会轻易做出购买决定。

对此类顾客，销售人员必须从熟悉产品特点着手，谨慎地应用层层推进引导的办法，多方分析、比较、举证、提示，使顾客全面了解利益所在，以期获得对方理性的支持。与这类顾客打交道，销售建议只有经过对方理智的分析和思考，才有被顾客接受的可能；反之，拿不出有力的事实依据和耐心地说服证明讲解，推销是不会成功的。

### 2. 豪爽干脆型

这种顾客办事干脆豪放，说一不二，慷慨坦直，但往往缺乏耐心。和这类顾客交往，必须掌握火候，使对方懂得攀亲交友胜于买卖。介绍时要干净利落，不必绕弯子。

### 3. 优柔寡断型

这类顾客的一般表现是，对是否购买某件商品犹豫不决，即使决定购买，但对于商品的品种规格、式样花色、销售价格等又反复比较，难于取舍。他们外表温和，内心却总是瞻前顾后。对于这类顾客，销售人员要冷静地诱导顾客表达出所疑虑的问题，然后根据问题做出说明。等到对方确已产生购买欲望后，销售人员不妨采取直接行动，促使对方做出决定。比如说："那么，我们明天给你送货，你方便吗？"

### 4. 自我吹嘘型

此类顾客虚荣心很强，总在别人面前炫耀自己。与这类顾客打交道的要诀是以顾客熟悉的事物寻找话题，适当利用请求的语气。当一个"忠实听众"，且表现出羡慕钦佩的神情，满足对方的虚荣心。

### 5. 喋喋不休型

这类人喜欢凭自己的经验和主观意志判断事物，不易接受别人的观点。应付这类顾客要有足够的耐心和控制能力。当顾客情绪激昂，高谈阔论时给予合理的时间，切不可在顾客谈兴高涨时贸然制止。一旦双方的推销协商进入正题，销售人员就可任其发挥，直至对方接受产品为止。

### 6. 沉默寡言型

这类顾客老成持重，稳健不迫，对销售人员的宣传劝说之词虽然认真倾听，但反应冷淡，不轻易谈出自己的想法。一般来说，销售人员应该避免讲得太多，尽量使对方有讲话的机会及体验的时间，要表现出诚实和稳重，特别注意谈话的态度、方式和表情，争取良好的第一印象。

### 7. 吹毛求疵型

这类顾客怀疑心重，一向不信任销售人员，片面地认为销售人员只会夸张地介绍产品的优点，尽可能地掩饰缺点。所以这类顾客不易接受他人的意见，而且喜欢鸡蛋里面挑骨头。与这类顾客打交道，销售人员要采取迂回战术，先与他交锋几个回合，但必须"心服口服"地宣称对方高见，让其吹毛求疵的心态发泄之后再转入正题。一定要注意满足对方争强好胜的习惯，请其批评指教。

### 8. 情感冲动型

这类顾客对于事物变化的反应敏感，情绪表现不稳定，容易偏激。面对此类顾客，应当采取果断措施，切勿碍于情面，必要时提供有力的说服证据，强调给对方带来的利益与方便，支持推销建议，做出成交尝试，不给对方留下冲动的机会和变化的理由。

### 9. 虚情假意型

这类顾客在表面上十分和蔼，但缺少购买的诚意。如果销售人员提出购买事宜，对方或者顾左右而言他，或者装聋作哑。在这类顾客面前，要有足够的耐心，同时提出一些优惠条件供对方选择。对于产品价格，这类顾客总是认为，销售人员一定会报高价格，所以一再要求打折。销售人员不要轻易答应对方的要求，否则会进一步动摇其购买的欲望。

### 10. 冷淡傲慢型

此类顾客高傲自视，轻视别人，凡事自以为是，自尊心强。他们不易接近，但一旦建立起业务关系，便能够持续较长的时间。接近他们最好由熟人介绍为好。

第八章

# 完美竞标，从众多的竞争对手中脱颖而出

现代商场，充满竞争。我们不仅要跟客户智慧相处，而且还要跟竞争对手智慧周旋。虽然说，谋事在人，成事在天，但是也有事在人为之说。我们不能把竞争寄希望于幸运，而是要紧紧掌控在自己的手中。

# 报价，永远是客户关心的主题

销售活动中，销售人员面临的最棘手的问题之一就是报价困境。许多销售员由于不会谈价，要不丢掉了订单，要不虽然做成了交易，却已经没有了利润，只好自己安慰自己，权当交了朋友。现今众多的销售员，底薪很低全靠提成来提高收入，如果掌握不好谈价的技巧，虽销售业绩不错，却收入很低，最终只好离开销售岗位。所以，报价是销售员最需要掌握的武器。

**1. 如何报价**

（1）敢于报价

销售人员要克服害怕生意做不成，一开口就报很低的价格的心理障碍。作为一个优秀的销售员，在开口时，应了解同类产品的价位，也应了解自己的产品在同类产品中的价位所处的位置。是高价位，要回答为什么高：是产品的质量比同类产品高，是用的原材料比同类产品好，还是使用更方便更有科技含量，抑或是节约能源更环保。总之，要让对方觉得你的产品的价格是物有所值。是中档价位，要回答：你的产品比高价位的产品好在什么地方？是使用了二等的材料却运用了高等技术，在使用方面并不比高价产品差，还是同样的品质就是要通过价位和高价位的产品竞争。是低价位，你要回答：自己的产品为什么价位低？是有新的工艺还是有新的材料，一样实用效果好。一句话：要讲出产品定价的依据，表明你的合理性。

（2）不要轻率报价

当直接询价时，要尽量通过问答的形式了解。比如，可以问需要的数量，需要的质量要求，有没有特殊的需求。还要了解是直接用户还是代理商。需不需要开发票，包不包运费。当了解清楚后，是终端用户时，可适当报低点的价格；是代理商的前提是要达到多少的数量才能享受代理的价格。也可以报含税的价格和不含税的价格，运费是不是含在内等。

（3）让客户出价

也就是让客户自己说出要采购哪个价位的产品。有许多客户心里很明白，只愿意出一定的价钱购买产品。他们也许已经咨询了许多供应商，就想采购低价位的产品，对于质量过得去就行。对于这样的客户，你要了解清楚对方的意愿后，要报一款最低的产品价格给他，但要说明这款产品的劣势所在，让对方明白一分价钱一分货。

（4）分拆式报价

也就是把产品分成几个最主要的部分。这种比较适合组合性的产品，让自己有一个选择的余地；也比较适合服务性行业。

（5）分阶段报价

也就是从零售价，再到批发价，再到出厂价。这种方式主要是针对中小客户，因对方不告诉你自己的实情，你只好采取诱导的方式，比如，少量购买享受零售价的几折优惠，多少数量享受批发价，必须一次性提多少货可享受出厂价。

### 2. 如何说服客户

销售人员也要根据生意的具体情况，把上述五种报价方式结合起来用效果更佳。

如果客户嫌报价高，可以考虑以下几个策略。

一是明白客户拿什么产品与自己的产品作的比较。销售人员在出发前就应当了解到可能出现的大部分问题并进行适当演练。明白竞争结构，竞争激烈程度，各种产品的卖点之后，对于一般的问题会比较容易回答。客户凭什么说价格高呢？启发一下，让他多说几句话。只有充分掌握了客户之所以疑虑、排斥、动摇、否定的具体信息，销售人员才能更好地把握说服客户的方法策略。

二是高价、中价、低价三个档次，分别满足不同消费需求。市场本来就存在高中低档不同的产品需求群体。我们必须为高价找出合适的，站得住脚的理由。在销售人员出发以前，就应当设计这样的说服系统。其核心是让客户明白高有高的道理。关键不是价格高不高，而是我们制定价格的依据是什么，凭什么我们可以卖得比别人贵。

三是对客户心理进行精当分析。客户也有内行与外行之分，所以销售人员要了如指掌。客户的心理是怎样的，就怎么进行沟通。

当然，当销售人员在成交客户过程中遇到价格困境时，应当首先表示认同客户，表示他说的很有道理，然后重点了解他之所以这样讲是基于哪些信息和顾虑。然后对症下药，见招拆招，方能产生好的效果。

## 多方了解，尽可能准确地估算竞争对手的报价

要想领先于对手，首先要做到知彼知己，方能百战不殆。战胜对手首先要了解对手，但是现在的经验告诉我们，竞争对手之间谁更了解对方，谁就会更主动。那么，你对竞争对手又研究了多少？你又是怎样去研究竞争对手的呢？

有一位非常成功的演说家和作家酷爱养鸟。喜迁新居的他第一件事就是在后院放了一个喂鸟器，但很快他发现喂鸟器里的鸟食鸟还没吃到就被附近的松鼠抢食殆尽。他想了很多方法，也多次改进喂鸟器，但始终不是松鼠的对手。

他为自己竟然斗不过脑子只有豌豆大小的这种小动物而苦恼。这时，他的朋友问他一天花多少时间研究对付松鼠的办法，他回答说只有10~15分钟。他的朋友又反问松鼠一天用多少时间来研究他，他这才恍然大悟，原来松鼠除了睡觉其他时间都在研究他。而他失败的根本原因，就是松鼠对他的研究远远多于他对松鼠的研究，虽然他是高等动物里的高等动物。

当今市场，一个企业独霸某行业，无一竞争对手的情况早已不复存在。所以，知晓、了解自己的竞争对手，应该成为销售人员高度重视的一件事。"同行是冤家"这句俗话在一定程度上反映了销售竞争的实际情况，尽管这种表述并不全面、准确。

企业和销售人员所面临的竞争对手，大致包括以下几种类型：一是愿望竞争者，即满足消费者目前各种不同愿望的竞争者；二是一般竞争者，即满足消费者某种愿望而采取不同方法的竞争者；三是产品形式竞争者，即能满足消费者某种愿望的同类商品，而在质量、价格上相互竞争的竞争者；四是品牌竞争者，即能满足消费者对同种产品具有不同品牌愿望的竞争者。

销售人员对竞争对手的了解应当是深入的、细致的、全方位的。比如：

查看竞争对手的商品一览表，以知道他们现在正在做什么。这是对其现状的了解，属于最基本事实的了解。

了解竞争对手的产品有哪些特征，节能型的（一是能节约现有能源，二是能开发、利用新能源）？轻微型的（即质轻、灵巧、微型）？工艺型的（把产品的实用性与艺术美结合起来）？安全型的（即让消费者在更大程度上体验到安全感）？智力型的（即实现产品的自动控制、赋予智力功能）？传统型的（即老用途、老式样）？

了解竞争对手的产品系列中有哪些遗漏、忽略，有哪些长处，有哪些不足。了解这些意义非常之大。日本人的许多产品进军美国市场，都是在美国人产品系列中被遗忘的角落上首先大做文章，然后才全面铺开。

了解竞争对手产品的市场销售量如何。是呈上升趋势、下降趋势，还是多年持平？竞争对手的市场占有率如何？其成长率又是如何？

了解竞争对手的销售形式、途径以及经销商的数量及其合理性如何？是否存在被竞争对手遗忘了的、抛弃了的然而却是非常重要、非常有效的销售形式与途径？竞争对手与经销商之间的关系如何？经销商对竞争对手有哪些不满？有哪些抱怨？自己能否克服、消除这些不满与抱怨？

了解竞争对手企业及产品的知名度如何，美誉度如何，在消费者及客户心目中的形象又是如何。其知名度、美誉度在消费者心目中的形象是逐日上升还是每况愈下？

了解竞争对手的市场营销策略是什么，战略指导思想是什么，这些策略与战略指导思想中有哪些优点，有哪些缺点。在缺点中，有哪些是属于枝节的？有哪些是属于致命的？

最重要的就是估算竞争对手的报价。市场的需求和企业的成本分别为产品的价格确定了上限和下限，在这个范围内，我们能把产品价格定得多高，取决于竞争对手的同种产品的价格水平。因此，企业需要对竞争对手的产品及其价格进行比较与分析。

一旦了解了竞争对手的价格和产品，就可能将它作为自己定价的出发点。如果我们的产品与主要竞争对手的产品十分相似，则产品定价应与竞争对手相近，否则销售量会受到损失。如果我们的产品不如竞争对手的产品，定价则不能高于竞争对手的价格。如果我们的产品质量较高，则定价可以高于竞争对手的价格。还需指出的是，竞争对手会根据企业的价格做出相应的价格调整，我们必须对此有充分的认识。

我们必须采取适当方式，了解竞争者所提供的产品质量和价格。在获得这方面的信息后，就可以与竞争产品比质比价，更准确地制定自己的产品价格。如果二者质量大体一致，则二者价格也应大体一样，否则我们的产品可能卖不出去。还应看到，竞争者也可能随机应变，针对企业的产品价格而调整其价格；也可能不调整价格，而调整市场营销组合的其他变量，与我们争夺顾客。当然，对竞争者价格的变动，我们也要及时掌握有关信息，并做出明智的反应。

若从上述各个方面对竞争对手有一个透彻的了解，我们将能对竞争对手的行为、前景、攻防能力等做出预测。这样一来，我们在激烈的市场竞争中就有了充分的主动权，就不会沦为凭死力、凭蛮力的盲目斗士了。

# 把竞标书当成艺术品去做

标书是指投标单位按照招标书的条件和要求，向招标单位提交的报价并填具标单的文书。它是投标单位在充分领会招标文件，进行现场实地考察和调查的基础上所编制的投标文书，是对招标公告提出的要求的响应和承诺，并同时提出具体的标价及有关事项来竞争中标。

为了让标书真正起到竞标作用，我们有必要高度重视，甚至把竞标书当成艺术品去做。

## 1. 标书必须紧扣招标文件的要求

也就是说在编写投标书之前，必须吃透招标文件，看看招标文件究竟要我们展示什么，看看怎样才能拿到最高的分数。要求做到实事求是，认真对待。

## 2. 标书内文设计要尽量做到图文并茂

标书好不好，分数高不高，全由评标专家说了算。虽然评标专家都很老练，专业能力很强，但专家也是人，标书外观做得好，你的投标书得到的分数自然会高。这就是第一印象的作用，这个印象在各行各业都是通用的。就连高考都通用，你字写得好，作文的分数往往就会适当拔高。

当然，现在做的投标书都是电脑打字，没办法说谁的字更好看，那就只能比内文的精彩了。图文并茂，给人的第一感觉就是井井有条，第二感觉就是有实力有自信，第三感觉就是企业好、品质好。试问，这种情况下，您的分数能不高吗？

## 3. 标书的文字要正确

要认真检查，确保不出现错别字。比如，某指标项目专家在评标的时候，就曾经发现有些企业递交的投标书封面就有一个错别字，因为这个原因，这份投标书的分数最低。其实，原因很简单，因为这个投标书给人的印象是很不专业，而且也会让人误以为是对评标专家的不尊重。难不成，你是在考验专家辨别优劣的能力？

所以，文字准确性很重要，这点必须尽量做到完美。

### 4. 投标书的印刷装订一定要规范

有些企业因为省事，用自己办公室的打印机随便打印一份投标书，然后拿到街头的快印店装订，之后就递交给招标方。大家想一想，如果你的投标书是这样弄的，可以预见质量会有多差。而别的企业都是在专门的标书公司印刷装订，人家的内文用纸比你的看着舒服，外面的标书封面看起来大气，这给专家的感觉是什么呢，显然你的投标书不入流。

一个不入流的投标书，你又怎么敢奢望它能中标呢？所以，投标书的印刷装订必须要规范。

# 在打动客户之前先打动自己

有一句话说，想感动客户，就要永远给客户比你宣传的更多的承诺，然后再做到比你承诺的更多。也就是说，我们不仅要说得好，而且要说得真实，同时也要说到客户的心里去。只有先打动自己的标书，才能打动客户。

一个外国管理学者讲了这样一个例子："有天中午，我们在忙碌的用餐时间，来到了附近的一家咖啡店。那地方十分忙碌，轮到我们付钱时，那位年轻女店员说：'咖啡我们请客。'我们问她为什么，她说，我们等待的时间本来不该这么久。这个行为本身就加强了我们对这家企业的良好印象。毫无疑问，这家咖啡店会从我们未来的消费中，赚回这几杯免费咖啡的钱。因为我们已经从一般的消费者被转化成了产品拥护者。"

国内的例子更好找，仅海底捞的张勇靠服务感动顾客的例子，就能专门写一本书。他们认定搞定客户不如感动客户。因为搞定是一时的，而感动是一世的。具体举措，"人类已经不能阻止海底捞"是终极夸张，但看见小孩子吃饭时说这个花生真好吃，饭后马上包来一盒您回家慢慢品尝，免费提供只为孩子，欢迎以后再光临之类的事情绝不少。在海底捞看来，要让顾客感动就要提供超出顾客期望的服务，让他们享受到在其他餐馆享受不到的服务。无论什么时候都在顾客满意的基础上多做一点点，让挑剔的顾客感到惊喜。而且他们特朴实，没有那么多的花花肠子。他们认定要给别人留下好印象，就是要踏踏实实地去做，就是要不折不扣地用实际行动来证明。

销售人员应该找准目标客户，集中精力想其所想，让其感动。有很多淘宝上的小企业会成功，就是因为能追根究底地达成顾客满意。成功的企业都懂得倾听顾客的声音，将顾客的抱怨变成最重要的事情。虽然顾客不见得是对的，但一定要站在顾客的立场来思考他的问题。

而感动客户的前提，是先感动自己。在戏剧表演上就有两派：一派是投入派，讲究融入角色，角色该哭你就悲伤，该喜你就雀跃，完全沉浸其中；另一派是表演派，讲究表演是一门技术，要独立于角色之外，悲有悲的表现手法，喜有喜的动作语言，就跟《大腕》里傅彪似的，一眨眼就哭得悲痛欲绝，抹一把脸跟没事儿人似的。两者各有市场。

但经营上，不能感动自己的服务，基本就没法通过所谓"技巧手段"感动顾客。具体到标书，也同样是如此。所以，标书的制作决不可以等闲视之，应该既有过硬的实质性内容，又有符合客户人心的严谨而又动情的表述。

感动本身就是感情的因素，拿感情来做对比也合适。所以，表述最好是晓之以理，动之以情。对待客户就像对恋人，不仅要硬件过硬，而且要软件可人。这样，以理服人，以情感人，情理交融，方才具备绝对的优势。

## 完美竞标书制作的关键要素以及技巧

因为有的评标允许投标方参加评分，有的不允许投标方参加和评分，有的甚至不允许投标方参加，即使参加也不能发表倾向性意见。在这种情况下，没有很充分的沟通环境，一切技术准备都浓缩在投标文件中了，且对象是具备评标经验但对情况未必了解的专家。

标书是用户需求基本明确后选择服务商的最后机会，因此，用户的着眼点不仅在于方案的优异，更在于中标，因此一般不会给修正的机会。

评定的标准靠评标人的专家经验，观、读感综合判定。由于标书的评审是专业的评审专家或者各方人事，因此评审标准更多的是公正和没有异议，标书的正式、专业、清晰、符合要求是非常重要的。

投标书的基本要求，一是帮助与你的标书读者沟通。从这个角度上来讲，标书是一篇针对用户需求的论文，逻辑结构和语言一定要清晰、可读。考虑到评标专家一般都具有较好的学术经验，其中很多还是教授、博导，投标的语言要针对读者的阅读习惯为好。二是表现你整理过后的思路和想法。如果对整个方案的思路不清晰，是不能写好一个标书的。在投标之前一定要理清楚整体思路及各部分的关系，必要的头脑风暴和预评审也是需要的，以便更加清晰地表示你的方案。对于没有结论或者困惑、争议的地方，不要指望能够糊弄过去，如实地分析甚至放在重要的地方重点把可能的困难和解决方案以及选择的过程描述出来，往往会增加胜算。

投标方要非常注意投标需求书的细节要求。一般招标方不会随便写出某种要求的，出现这种情况一般是招标方非常需要或者有竞争对手说服招标方提出这种需求。对于特别的、违反常规的要求尤其要注意，在标书中一定要有回应。回应的时候不要直接反驳，应该用比较委婉的态度和明确的结论给出建议和意见、结论。

标书要对客户需求做出反应。有很多客户的需求并没有体现在招标文件中，这个时候如果说明非常详细和具有针对性，对于评标专家是非常具有说服力的。

关于标书整体上的一般要求，要具有全局观。标书各个部分自成体系又相互依托，产品清单正确，目录结构清晰（代表思路清晰），整篇文字叙述条理分明、风格统一，既迎合读者心理习惯又有创新性。

注意标书编写禁忌。

● 标书中禁忌出现其他项目或其他客户名称。很多标书采用其他案例的资料，忘记了改正用户，这在评标现场非常容易被排斥和认为不认真，因此需要专人进行检查。

● 禁忌拓扑设计错误。拓扑图和逻辑图是专家评审重点关注的地方，千万不要出现结构性错误，更不要出现名称上的错误。图的标志要清晰，最好制图、审定人要明确标记。

● 禁忌标书叙述前后矛盾。很多标书由不同的人完成，出现前后叙述不一致一定要改正。最好安排专人在投标之前阅读统稿、安排专门的评审会议。

● 禁忌目录结构混乱，无逻辑、各自为政。

● 禁忌套话、废话太多，语言啰唆、言之无物。这种情况很容易出现在摘抄网络上的信息，应予以注意。

● 禁忌遣词造句，用语不当。错别字是小事，但很容易引起专家反感，尤其在摘要、重要场所和多次出现的时候。

# "无标底"的招标法并不是真正的没有底线

所谓无标底的招标，就是在业主招标过程中不设标底或者即使设标底也不作为评标标准，业主只需提出一个评标的标准和方法即可的一种招标方式。

无标底招标的评标定标通常分为最低评标价法和综合评定法。

最低评标价法是指投标人的投标能够满足招标文件的实质性要求，并且经评审后报价最低者中标的评定标方法。

采用最低评标价法，通常按下列程序进行。

### 1. 对投标文件进行符合性鉴定

投标文件应实质上响应招标文件的要求，应与招标文件所有条款、条件和规定相符，无显著差异或保留。评标委员会对实质上不响应招标文件要求的投标予以拒绝。

### 2. 对投标文件的技术标进行评估

评标委员会对投标单位所报的施工方案或施工组织设计、施工进度计划、施工人员和施工设备的配备、施工技术能力、以往履行合同情况、临时设施的布置等进行评估，按合格与不合格两个标准评定，不合格的投标被拒绝。

### 3. 对投标报价进行评估

评标委员会对确定为实质上响应招标文件的要求和技术标合格的投标进行投标报价评估。在评估投标报价时应按招标文件的有关规定进行校核后，确定评审报价，并按由低到高的顺序依次排出名次。

### 4. 对报价答辩结果进行评定

评标委员会对报价最低的投标人进行报价答辩，认定报价不低于成本后，即确定该投标人为中标单位，如被认定为属于低于成本的报价，则评标委员会有权否决其中标资格，并依次对下一名次投标人进行报价答辩，最终确定中标单位并写出评标报告。

综合评定法是指投标人的投标能够最大限度地满足招标文件中规定的各项综合评价标准的投标人中标的评定标方法。综合评定法通常采用以计分为基础的评定方式。

就我国的建筑市场来说，现行的无标底招标办法，多半是在各投标单位报价的基础上，去掉一个最高报价，再去掉一个最低报价后，用所剩几家投标价的算术平均值作为评标标准价，再以这个评标标准价，下浮一定百分比来控制判断某个报价是否是合理最低价的方式来评定商务标。

所以说，所谓的无底标也并不是真正的无底标。投标时，应该明确计算出自己的成本，还要估算竞争对手的成本，然后进行比较分析，在标书中突出自己的各项优势和价格策略，以争取胜出。

## 注意中标后双方合同的签订细节

中标后要签订合同，不仅要注意合同内容，而且要注意合同签订细节。因为细节问题引起的失误，也容易引起纠纷，甚至造成损失。

> 据《中国质量报》报道，马先生在某4S（销售、维修、配件、信息反馈4个英文的开头字母）店购买了商务轿车一辆，合同注明生产地为上海，但当提车时马先生发现该车的实际产地为沈阳，与合同中所约定的产地不符，马先生认为是该销售公司有合同欺诈行为，同时，提车当天该车在行驶不到两千米时ABS（制动防抱死系统的英文简称）发生故障。于是马先生投诉到消保委，投诉商家欺诈。
>
> 经调查发现，由于销售人员对自己销售的产品和产地不清楚，将产地写得过于复杂，写上了车辆由该汽车有限公司在其位于上海某出口加工区的工厂内组装和制造。由此让消费者对具体产地产生了疑问。在消保委的协调下，商家对马先生给予了一定的经济补偿。

本案争议焦点：消费者提出合同中所述产地与实际提车的产地不符，质疑商家有合同欺诈行为，是不成立的。根据《中华人民共和国消费者权益保护法》第七章第五十条第四款之规定：伪造或者冒用他人的厂名、厂址，伪造或者冒用认证标志、名优标志等质量标志的属于欺诈。该品牌轿车是由该汽车品牌授权的制造生产地生产，并非冒用他人厂名、厂址。不应该认定为该经销商有合同欺诈行为。但合同中第二条要约明确规定：本合同项下所有车辆由该品牌汽车在其授权的工厂内组装和制造，而销售商没有明确告知消费者，损害了消费者的知情权。

可见，合同细节也非常重要，签订时一定要严加注意。除了在实质内容上字斟句酌之外，在形式上也要特别注意。

### 1. 合同形式

有些公司保存的销售合同，都是传真件，而且上面的通话时间、来电号码大都没有，有的甚至没有对方盖章或签名，这就有问题了。到时产生纠纷了，对方就会说：你手里的这个合同不是我传真的，你们自己伪造的吧？这种情况下，我想我们在合同上签名盖章后，有必要及时地用电子邮件甚至手机短信的形式给对方经办人员确认一下（当然有时可以用一些策略），对方的回复是印证这份合同的最好证据。

当然，我刚刚也讲了，最好的合同形式是书面合同，要求是原件，就是盖有对方红章的合同。我们可以以单位归档有要求等理由，让对方在传真之后将合同原件寄给我们。

### 2. 合同落款

对于在合同上签名还是盖章的问题，需要掌握一个原则——认章不认人。就是说，只认公章，不管签名的经手人；只要公章是真实有效的，只要对方没有证据证明你是非法盖来的，哪怕没有经手人，盖章就表明对方认可了合同上的所有内容。对于没有公章，只有签名的落款，一般都对对方没有约束力，但这个签名的人属于下面三种情况除外：A 是对方单位的法定代表人，B 是对方单位出具授权委托书明确授权的人，C 虽不是对方法定代表人和授权委托人，但是以前的交易中或其他证据足以证明是对方工作人员。

所以，对于合同落款的选择依次是：A 盖章 + 签名、B 盖章、C 签名。

### 3. 合同名称和性质

销售合同名称五花八门，但总体上可以分成两类，购销（买卖）合同和加工（定做）合同。事实上这两种合同的法律性质是完全不同的，区分的标准就是，所销售的产品是否特定，特定的或者说卖给别的单位没人要的就是我为你专门定做的合同，相对于买卖合同来说，法律更加保护定做合同中的定做人，比如，法律规定定做合同引起的纠纷由定做人所在地法院管辖（前提是合同没有诉讼管辖的明确约定）。所以，我们更希望成为定做合同中的定做人。

### 4. 交货时间的约定

在这个问题上做些文章，主要是防止我们一旦迟延交货时承担的法律责任。

### 5. 付款时间的约定

因为这是牵涉自身利益的事情，产品销售出去的目的最终就落到拿钱的问题上了。所以，最好约定为"×年×月×日前付款"；其次是"货物进仓后×天内付款"；最后是"开具增值税发票后×天内付款"。

### 6. 争议解决方式的约定

合同中如果约定了"发生争议由××法院管辖",这是最直接的约定,我们没有丝毫的回旋余地。如果不是这样,就要仔细研究法律,尽量使用对自己有利的约定,而避免对自己不利的约定。

### 7. 其他细节

最好在合同中予以标注的事项还有:A 对方单位授权代理人名单;B 对方常用有效传真、电子邮箱。这等于是确认了我们与对方这些人、电话、邮箱进行联系在法律上的有效性。

第九章

# 博弈，把握谈判技巧，谈出你的百万大订单

大家都知道"田忌赛马"的故事，那就是博弈论的杰出案例。博弈不仅需要智商，更需要智慧，需要在智慧关照下的智商。谈判，首先需要智慧，也需要在智慧指导之下的技巧。能够左右谈判顾然好，在左右不了的情况下，积极影响谈判也是要努力争取的。

# 亮出自我的资本，谈判不需要低调

销售人员通常会以什么样的心态与大客户谈判？恐怕是如履薄冰、谨小慎微的人士居多。他们承受着市场、竞争对手以及买方谈判力量的三重压力，只要任何一重压力过大，他们就会屈服进而做出让步的态势。他们谈判的目的并不是争取到更多的利益，而是希望尽量减少让步。这样的表现怎么能取得谈判的优势呢？

所以，谈判中要充分利用自己的优势。如果你老是拿自己的缺点跟别人的优点比，你永远不会赢，所以我们要清楚自身的长处是什么。

买方一定掌握谈判的优势？卖方绝对处于谈判的劣势？没有的事！

也许买方的客户指名订购你的产品，他们会急切地要与你达成交易，否则客户们就会投诉和抱怨，无论他们在谈判时如何掩饰其焦急的心情、如何镇定自若，但在他们心里依然会认定你更有优势。又例如，买方的长期供应商产品出现了问题，不能如期交货，而你是最佳的选择对象，他们在谈判时会认为你更有优势。在谈判时如果你有足够的细心，就会发现买方有很多急切的需求，卖方合理地利用这种需求，自然就会建立谈判优势。

有些人在谈判中刚毅果断、不苟言笑；有些人更愿意谦恭节制、平心静气。无论哪种谈判风格，都是外在的表现形式，无法影响买家的立场。取得谈判的优势不在于你的言谈举止，关键是你能否改变双方心理优势的对比。

谈判双方的确存在着客观的差距。而这些现实条件是无法改变的，你唯一能够改变的是双方的心理。在很多时候，谈判者心里的感觉或印象要比客观现实更具影响力和说服力。

如果谈判仅仅停留在客观条件的层面上，那就不再需要研究什么技巧了。谈判的优势存在于每个人的心智中，你认为你有优势，能够改变对方的立场，那么你就能成交一笔出色的交易，无论你是买方还是卖方。

在谈判前期双方都会讲一些看似无关大局的话，我们称之为"暖场"，只是简单的寒暄吗？经验丰富的谈判者知道，这是在建立自己的优势，影响对方的心智。

熟练的谈判者看待谈判桌上发生的事情时，并不仅仅只是看到开价、议价和达成协议的举动。他们看到的往往是掩藏在表面之下的心理的、战略的暗流。他们会根据互惠规则，注意谈判各方的立场。他们寻求机会利用心理学家称作的一致性原则来约束对方遵守标准，然后控制着对方遵守先前的声明或者立场，他们知道提议的时机和提议的内容一样重要。人们需要感觉到自己已经"赢得"对方的让步，即便当你愿意无偿地做出让步时也会这样。不难发现，谈判的过程是包含了许多知识、信息、策略、模式的过程，经验丰富的谈判者会根据现场情境来预测对手下一步的举动，然后随时调整策略。

这种方法集中于谈判的三个主要方面：在你开始谈判前做好坚实的准备与计划工作；认真倾听以便发现对方真正想要的东西；一旦谈判开始要注意对方举动所发出的"信号"。试想，当谈判一方无法获知对方要协商的信息、愿意妥协的方案以及最终保留的底线，谈判如何能成功？最有可能出现的局面，要么是谈判半途而废、陷入僵局；要么呈一边倒态势，完全被对方主导。

谈判桌上永远是虚虚实实、真真假假，信息的掌握也各有不同，买方会用尽各种办法让你相信他们比你更有优势。

最常使用并且效果最佳的方法就是拿竞争对手来压你，他们会在事前对竞争者进行充分的调查，谈判时突然拿出数十张数据资料使你信以为真，这一招确实屡试不爽，缺乏经验的谈判者会立刻手足无措，顷刻间失去了所有的优势。通常在这种场景中，心理素质决定着谈判的优势。首先我们要明确一点，买家需要与你做交易，否则他们可以直接同竞争者合作，何必再浪费时间和精力与你讨价还价。既然各有所需，就不要被竞争者的报价所迷惑，坚定你的谈判立场，不要轻易做出让步。

总之，只有保持良好的心态，才会赢得谈判的优势。

## 正式谈判前一定要在大客户方找到支持者

销售人员要建立起系统思维习惯，比如，不能就商业谈判来进行商业谈判。而是一定要在正式谈判前，在大客户方找到支持者，在谈判时先具备有利条件。

有如下一个营销竞争案例。

江淮集团是安徽省非常有名的一家大型企业，几年前在一个150万元的窗体顶端窗体底端信息化软件工程招标项目中却输给了当地一家不知名的小公司。竞标失败的原因不是价格、服务、品质，而是对方攻克了负责那次招标的副总经理。

原来，在得知那次招标的负责人是客户的副总经理王先生后，竞争对手刘小姐就通过客户的员工联系上了王先生的太太，并迅速取得了王太太的信任，从王太太那里得到王先生要到上海出差的信息。

王先生刚下飞机，就看见一个服务生高举美观大方的接机牌，上边写着自己的名字。在"一位朋友"的授意下，服务生把王先生安排到了五星级豪华客房。紧接着，王先生又收到"一位朋友"欢迎他到上海的花篮。当然了，这一切都是江淮集团的竞争对手刘小姐的安排。

在王先生办完事情的那天下午，刘小姐给王先生打电话说明了这个安排，希望能认识王先生，并表示希望王先生允许他们公司的技术人员到王先生所在的公司进行技术交流。刘小姐随后还带领王先生观看了他最喜欢的话剧——《茶馆》。

两天后，王先生返程时刘小姐又安排车把王先生送到了机场。临走时，王先生很痛快地答应了技术交流的事情。在整个项目运作过程中，各个协同部门都感觉到了副总经理王先生的倾向性，所以刘小姐很顺利地拿下了那个150万元的订单。

可见，在正式谈判前，在大客户方找到支持者是多么重要！而把客户采购过程中出现的购买影响者，演变成为卖方的坚定支持者，就成为销售人员在正式谈判前的关键任务。

这些来自客户内部的支持者，通常分为三类：

一是内线：客户组织中掌握信息并愿意与你分享信息的人；

二是赞助者：客户组织中支持你并与你共同进退的人；

三是教练：客户组织内部和外部支持你，并给你提供销售指导的人。

三类不同的销售支持角色在项目型销售中的作用不同，必须善于综合利用，统筹协调。

## 1. 辨别客户人员的权力分类

通常先将客户组织的人员分为四类，以便于我们辨认支持者。

第一类是：不明所以的人，对事情处于完全不了解、不清楚的状态；

第二类是：看着事情发生的人，他们不能对事情的发生产生任何影响，但却能掌握部分信息；

第三类是：能让事情发生的人，他们能让事情发生，但无法控制结果，对于特定的事件只能施加影响；

第四类是：掌控结果的人，我们称之为核心圈的人，他们不但能让事情发生，而且能掌控事情变化的方向。

## 2. 找到支持者的具体方法

（1）发展内线型支持者。内线是大项目最低程度的一类支持者，但对项目的成功却往往起到非常重要的作用。

内线的条件有两个：一是他必须至少是看着事情发生的人；二是他愿意和你分享信息。所以在客户处有很多人有资格做你的内线，在销售中销售人员也可以发展多条内线，以便对不同内线提供的信息相互验证，提高信息的准确度。

（2）瞄准赞助者。赞助者与第一类支持者内线相比，其必须拥有权力或影响力，因此他们必须是政治圈和核心圈的人。不拥有权力或影响力，就谈不上是赞助者。

赞助者必须同时具备两个条件：一是拥有权力或影响力，这种影响力可以来自于组织的权力赋予，也可以来源于个人魅力，很多意见领袖就是依靠个人影响在客户中发挥作用的；二是支持你并希望你成功。

（3）发展教练。教练通常有三个条件，缺一不可：一是他信任你的能力；二是他被客户的组织所信任；三是他希望你取得成功。因而，教练的发展在销售中起到异常重要的作用，他不仅是我们信息的重要来源，也是我们销售计划的参与者之一，对销售的成败至关重要。

## 从技术壁垒到心理壁垒

正规意义上的技术壁垒，是指一国以维护国家安全或保护人类健康和安全、保护动植物的生命和健康、保护生态环境、防止欺诈行为、保证产品质量为由，采取一些强制性或非强制性的技术性措施，这些措施成为其他国家商品自由进入该国的障碍。

这里所说的技术壁垒，是指销售人员为击败竞争对手，所设计或者表现出来的阻止竞争对手进入客户环境的产品技术障碍或关系障碍。

想要打败所有的竞争对手不是件容易的事，在瞄准对手薄弱环节的基础上要让自己做得更出色。攻其弊，取其利；利用观察对手的不足来完善自己的经营策略，做对手没有想到的，做对手做不到的，这样才能够让自己突显出与对手的差异，形成鲜明的对比及竞争实力。在能瞄准对手薄弱环节下手之前还需全面考察市场，只要能在价格和商品种类、款式中做到比对手好，才算取得部分胜利。之后还要做到更好。做到更好不是说要把价格定的比别人低，也不是说自己的商品要跟别人的完全一致，而是在选定商品时有较好的眼光（拥有一个敏锐的洞察力是很重要的），自己可以有对方好的商品，但更要有特色的商品。在有了自己的商品基础上就可以自己规定价格，尽可能留给自己最大的利润空间，毕竟一家好的企业在竞争中不是靠和对手打价格战所能做到的，而是要企业自身来左右其商品价格。当然，定价也是一门学问。遂适当地借助媒体宣传一下为自己造势，提高一下知名度也是可以的。

但是，你真正知道你的竞争对手是谁吗？你打败过竞争对手吗？你是怎样打败竞争对手的？几乎所有我们询问过的销售人员，都会对这些问题兴致勃勃地侃侃而谈。但当问到他们对竞争的感受的时候，所有人的情绪都低落了很多，大家最深刻的感触竟然是——疲惫！为什么会有这么大的反差呢？是人类对和平天生的向往吗？显然不是，这其实是被竞争导入销售怪圈后的必然反应。

"竞"就是追逐，"争"就是争夺。竞争就是：一边奔跑一边争夺。争夺什么呢？当然是更多的利益，为什么奔跑呢，都想比别人先拿到。现在的竞争已经上升到了哲学的高度，处于领导地位的企业间的竞争重点在争夺：市场有一元的利润我就一定要赚八角，你能生产了我就卖技术，你有技术了我就申请专利和贸易保护。这就是所谓的先拦海造田再过河拆桥的哲学。处于跟随地位的企业间的竞争重点放在追逐：你生产100个我就生产1000个，你覆盖3个省我就跨越6个省，你价格是一元我就卖八角，这就是所谓的规模压制加速度领先哲学。猎人的故事是对此最形象的刻画。

　　两个猎人进山打猎，一个粗壮，一个瘦小；两人打到很多山鸡和野兔，但都被粗壮的猎人收入囊中，瘦小的猎人很委屈："你打到的你应该拿走，为什么连我的也抢去？"粗壮的猎人咧嘴一笑："你的大腿如果比我胳膊粗，我就都给你。"这就叫争夺。突然一只老虎冲了过来，两个人都开始拼命的奔跑，粗壮的猎人落在了后面，冲着瘦小猎人喊："跑什么跑，你再快还能快过老虎。"瘦小的猎人头也不回：

"我当然跑不过老虎，但我肯定可以跑过你！"这就叫追逐！

竞争几乎成了营销的代名词，必须准确掌握竞争对手的信息，必须严密防范竞争对手的举措，必须有效打击竞争对手的态势；竞争对手一赚钱就能学就学，竞争对手一冒尖就能压就压，竞争对手一过界就能挡就挡，竞争对手一成型就能挖就挖。人们称这种竞争为营销战！

大家都感觉疲惫了，于是现在人们最关心的就是竞合而不要竞争，人们谈论最多的是 LG 的蓝海战略。这些想法很美好，但小范围的竞合以后，还是要面对更大范围的竞争；蓝海战略就算真正能够超越红海战略，还是一个竞争战略，你超越的也仅仅是眼前的竞争，因为这个蓝海也存在于一个行业之中，行业的最基本定义就是：从事同一产品类别的销售竞争者构成行业。一个企业自己构成一个行业的可能性几乎为零。

竞争如果真的可以获得利益，其实再疲惫也没关系。但有趣的是，刚打败一个竞争对手，又冒出两个，而且最有趣的是：从来就没有人可以说清楚到底我们通过竞争获得了多少利益。这就如同广告人说，"我知道我们做广告的 100 万元有一半是浪费的，但我们不知道浪费的是哪一半，所以我们还是要用 100 万元来做广告"一样有趣。

如果获得的利益不能衡量，就绝对不是投入资源多少的问题，而是获得利益的方法的问题。不是所有竞争对手都是可以打败的，也没有人可以打败所有的竞争对手，除非销毁整个行业。同时，没有任何人可以真正超越竞争，因为自然界最基本的哲学就是优胜劣汰。竞争是生存的方式，竞争解决的仅仅是生存问题。利益只能通过营销去获得。任何竞争对手的失败与你的成功，也许根本没有任何必然联系。

事实上，真正的营销者，从来就不相信打败任何竞争对手等于赢得利益。这是一个悖论，但是这个悖论会让我们思考：我们究竟要打败谁呢？那就是打败我们自己，打败我们那些心里臆想出来的无意于营销的错误的思想观念。

# 把出发点放在客户的利益上

当一位顾客来自行车店，想给他6岁的儿子买一辆儿童自行车时，销售人员开始分析客户的需求，并为客户做出合理的推荐。

孩子还不会骑车，要从头教起，父亲将耐心地教孩子怎么掌握方向什么的。父亲教儿子的过程，将体验到分享经验的快乐，这将是他们父子值得怀念一生的美好回忆。也许应该推荐店里最高级的最贵的、可以赚最大利润的自行车。但这不是最合理的方案，销售人员告诉他一辆价格比较便宜的车型可能更适合他的小孩，因为小孩还不会骑，他很可能经常摔倒甚至撞到树上等，所以不必买太高级的。

这位父亲肯定能够体会到，销售人员不是只考虑自己利益的人。相反，设身处地地为顾客利益着想，这足以让他感动。既达成了交易，并且也赢得了信赖。

还有另一个案例。

有一位女顾客到一个商店，为她八个月大的孩子买奶粉。销售人员热情地询问了解后，为顾客介绍了一种适合她的孩子吃的奶粉。此品牌奶粉当时正在搞活动，顾客买了两箱奶粉，随带的还有一辆"儿童三轮车"。销售人员帮顾客将所有的商品送到收款台。当时销售人员发现她没有别的同伴，而这么多东西又不好拿，因此当顾客交完款后，销售人员主动地对顾客说："请问您是怎么来的？有车吗？"

顾客听完销售人员的询问很是感动，对他说："谢谢你，我自己坐车来的，要坐三轮车回去。"于是，销售人员找了小车帮助顾客把商品送到了商厦门口，然后，为顾客看着商品，顾客去找三轮车。因为顾客的家离商厦比较近，而三轮车夫要价高，在双方未协商好价格的情况下，销售人员走上去对顾客说："您稍等一下，我帮您找辆车吧！"顾客向他投来感激的眼神。接着，他为顾客找了一辆三轮车并谈好了价钱，帮助顾客把商品装好。当顾客坐上车后，连声向他道谢。从那以后，这个女顾客成为这个店里的回头客。

在现实的销售过程中，很多营销人员的内心都有这么一个原则，那就是"以赢利为唯一目标"。于是，在这一原则的指导下，许多营销人员为了使自己获得最多的利益，总是不惜去损害客户的利益。他们或者诱导客户购买一些质劣价高的商品，或者是达成交易后就感觉事情已经与自己无关，不管客户在使用商品的过程中会出现什么问题。

其实，这样做可能会在短期内获得不菲的收益，但从长远来看，对销售人员的发展却是不利的。因为，如果客户的利益受到损害，对营销人员的信赖度就会降低。长此以往，就会导致营销人员的客户不断流失，从而使自身的利益受到巨大的损害。

在商品销售过程中，营销人员应该把客户当作与自己合作的长久伙伴，而不是时刻关注怎么最快地把商品卖给客户。如果营销人员因为太关注自己的利益而忽视了客户的利益，那么其结果只会使顾客感到反感。营销人员只有把顾客的问题当作自己的问题来解决，才能取得客户的信赖。因为，适当地为客户着想，会使销售人员与客户之间的关系更趋稳定，也会使他们的合作更加长久。只有诚心诚意为客户的利益着想，才能得到客户的重视。那些业绩突出的销售人员之所以与众不同，就是因为他们比一般人更能为客户赢得利益。

## 利益，永远是吸引大客户合作兴趣的吸铁石

### 1. 吸引大客户的方法

芸芸众生，东奔西忙，皆为利来利往。大客户也是这样，人家能够购买你销售的产品或者服务，当然是为了满足自己或者单位的利益需求了。

很多时候，销售人员都会听到大客户类似"我没时间"的话。一般而言，如果客户以"我很忙，没有时间"为由拒绝销售员的拜访，也许是他

真的很忙，但更可能是他为拒绝而找的借口。如果销售员对客户的话信以为真，回答说："好吧，等您有时间我们再联络！"那么销售员将永远也约不到客户，因为客户是不会主动联系我们的。所以，我们要学会为客户"创造时间"，争取销售的机会。具体来说，可以采用以下两种方法。

（1）提高销售技巧和话术，用利益吸引客户

比如我们可以这样说，"王总，我们忙是为了把企业做得更好，在有限的时间里忙出最大的价值，您说对吗？您只要花很短的时间就可以了解到在减少忙碌的同时获得最大收益的方法，您看这不是更好吗？""如果我给您提供的产品不能帮您节约成本、带给您可观的利润的话，我是不会联系您，浪费您宝贵的时间的，我保证我们的谈话不会让您失望，您看您哪天比较方便，明天还是后天呢？"

（2）先对客户没时间表示理解，再进一步说服

每个人都希望得到别人的理解与肯定，所以不妨先肯定客户没有时间的说法，表示理解，这样做能够让客户感受到我们对他们的体谅，然后再进一步劝说客户就更容易使其接受。比如，可以这样说："是的，我知道您很忙。作为一个企业的负责人，您每天都有很多事情要去处理。我这次正是为您带来一些解决工作繁忙的方法，比如，企业如何选对人，如何降低成本、提高效率，如何培养优秀人才等。相信一定会对您有所帮助……""可以看出您是一位热爱工作、有事业心的成功人士。我拜访您的目的是想为您的工作锦上添花，向您介绍一款能够为您的工作带来极大便利的产品。我想，您稍微花点儿时间来了解让您的工作更有效率的方法一定不是件坏事，您说呢？"

**2. 注意的问题**

但是，利用利益吸引法也要注意一些问题。

其一，利益不一定是当前价格的降低和让步。很多客户对于产品是认可的，然而就是在价格面前讨价还价。其实，讨价还价是人的正常心理，无可厚非。相反，当客户与我们讨价还价时，更能说明，客户对于产品的认可和感兴趣。但是，销售人员切不可轻易在客户面前对价格进行让步。

一让步，就说明这个产品不值钱了。

其二，要考虑客户延伸利益的多少。一般来讲，企业为了迎合消费者的心理需求，一个产品出台之后，都会有相应的促销政策。除了竞价类产品之外，定费类产品大多是以年为单位来销售的。那么，很多产品的促销政策都会采取"买三送一，买五送二，买十送五"的年限促销政策，以刺激客户多年份购买。而此时，许多客户也会说，我们就一年一年购买好了。但作为优秀的推销人员，应该鼓励客户购买多年份，这样我们的订单才能做大，业绩才能更高。那么，就要用利益吸引法告诉客户，随着产品的推广普及，资源会越来越枯竭，产品的价格会有所提升，那么，多年份购买就保证了客户的延伸利益。

其三，利益即是权益。客户购买产品，其实就是购买了自己的权益。因为每个产品都包含很多的服务功能和价值，而服务是不打折的。服务不打折，那么产品自然也就不还价了。

总之，利益永远是吸引大客户的合作兴趣的吸铁石。但是，我们既要考虑大客户的利益，同时也要考虑自己的利益。怎样维护这两者之间的平衡，则需要销售人员用心体悟。

## 让客户满足，客户才会让你满意

如果总是自以为是，以自己的利益为重，而不顾及客户的感受，自然是难以谈判、难以沟通成功的，结果也就可想而知。沟通取得不了良好的效果，实质上不是因为客户难对付，而是销售人员自己有问题。销售人员应该时刻牢记，让客户满足，客户才会让你满意。

其实，不论是谈判还是做其他方式的沟通，销售人员与顾客形成互动其实很简单：只要能够发自内心地去了解客户（客户也是普通人）的三个基本需求即可取得成功，这三个需求就是：承认、尊重与信任。

说到承认，一直以来任何一家企业的生存都是依靠客户的购买而得以延续的。有一个消费者研究表明：绝大多数顾客的感受是销售人员无视他们的存在，客户受到了许多非人性化的对待。许多营销人员将顾客的人性化需求，当作其工作过程中的麻烦，而非福音。——这是一件令人担忧的事情，顾客离去往往是因为对服务人员的失望，而不是对产品的失望。

销售人员要做的是首先发自内心地承认客户的重要性，在市场的前沿关注他们，满足他们内心的需求，并将他们的反馈当成企业发展的最好建议。这些工作在一些服务性的企业中已经得到了很好的体现，如丽嘉酒店、沃尔玛等，正设法寻找每一种可能的途径，以了解客户的真正需求。沃尔玛总是尽力让客户感觉到他们是卖场中最重要的部分，来增加客户的购买忠诚度。

了解是承认顾客的一种极其有效的方式。我们不仅需要了解顾客的生理需求，还要了解他们的情感需求。对客户表示内心的感谢以及认真倾听其产品之外的要求，都是使顾客满意的方法。

至于尊重，人们具有被尊重的强烈需求。一旦顾客感觉到我们的尊重，便会产生两个主要行为：一是形成忠诚度，重复购买我们的产品；二是向身边的人进行推荐，形成口碑传播与推广。反之，任何不尊重顾客的行为都会造成不良的后果。人与人之间的关系始终是相互的，我们对客户表示出不尊重，客户亦会毫不例外表示出不尊重。

对顾客表示尊重首要的是礼貌，尽管这听起来有点令人可笑，但我们的营销人员真正做到这一点的并不多见。另外，为顾客提供更大的方便，便是对顾客时间的尊重，还有对对方区域文化、私人空间与隐秘的尊重也是非常必要的。

而目前所急需解决的则是，相信顾客是真诚的。目前企业及销售人员最爱犯的一个错误，便是怀疑顾客的诚实，面对退货、投诉、建议，我们总是不假思索的表示异议。我们首先要做的是相信他们，而不是让他们难堪。沃尔玛在这方面堪称楷模，在沃尔玛，退货过程中，只有客户有怀疑的权利，这值得我们学习。

谈到信任，则是双向的，唯有我们对顾客表示出信任，顾客才会信任我们。顾客的信任是所有购买行为的基础，如果他们对企业和销售人员心存疑虑，是不会采取购买行动的。相反，如果他们对企业和销售人员十足的信任，则能够原谅市场上偶尔出现的产品问题，并对价格报以肯定的态度。那么，如何才能赢得顾客的信任呢？

做正确的事，正确地做事，并且第一次就把事情做正确，称为"三个正确"，这是赢得顾客信任的好方法。一旦做到了这些，顾客的信任会随之而来，同时他们将对未来抱有一种期待。

诚实亦是赢得顾客信任的最好办法之一。许多人在发生一些意外事件后总是企图掩盖，而不是坦诚相见，这严重挫伤了顾客的信任感，如果我们能够将面临的困境或问题诚实相告，并勇于承担自己该承担的责任，则赢得顾客的信任与支持是应该的。

承认、尊重与信任，这是营销人员在营销运作过程中需要时刻注意的三条法则，一旦营销人员偏离了这些法则，顾客便会用他们自己的方式表示不满，而他们采取的最多的往往是放弃你的产品与服务。

总之，销售是一份人性化的工作，我们必须从顾客的内心需求出发，获取他们的认同，并促使他们形成购买决定，这一切需要我们付出更多的努力。

价格虽然不是谈判的全部，但毫无疑问，有关价格的讨论依然是谈判的主要组成部分。在产品营销的实际工作中，价格往往也是客户最关注的问题。对于客户来说，当然是在满足需求的基础上价格越低越好，很多没有成功的营销也是因为双方价格上的分歧而最终导致不欢而散。

在价格谈判中，产品的个性化程度与客户愿意支付的价格是成正比的，所以在和客户沟通过程中要围绕着客户个性、内在需求来阐述和强调，以便让客户感觉到我们的产品是专门为他量身定做的，在满足其需求方面有独特的能力和优势。

事先取得价格授权，是销售人员在实际工作中经常忽略的一个问题。所以在对客户进行营销时，往往容易在价格谈判上受到阻碍，这时候销售人员通常的回复方式是需要向上级汇报请示后确定，这样的回答容易使客户对销售人员的工作能力及决策权力产生怀疑，从而使之后的营销工作更加困难。

所以，销售人员最好能充分做好准备工作，在对优质大客户及一些价格敏感性客户进行产品和服务营销前，取得有权部门对价格浮动范围的授权。

# 让步，也要在可接受的范围之内

当你所期待的客户提出你无法满足的要求，你面临的是两难的境地：对峙会使生意泡汤，可是妥协却会吞食掉你的利润。所以说，让步也要在可接受的范围之内。最好是避开对方的锋芒，引导你的客户走一条双赢的道路。

### 1. 做好谈判前的准备工作

清楚自己能够接受的最低价位，而且多创造些谈判期间可以利用的可变因素。很多销售人员认为价格是自己拥有的唯一的变量因素，如此狭隘的想法极其危险，虽然价格是引起买卖双方利益冲突的最敏感话题，但仅仅考虑价格最后的结果只会既削减了利润，又增加了买卖双方彼此间的冲突。

正确的做法应该是把目光集中在客户与你的共同利益上。例如，在谈判的过程中，多谈些关于售前、售中和售后服务的话题，在谈判中加入培训计划和考察计划，为稍后即将谈到的价格找到它的价值所在。

销售人员的工作就是从商品和服务中找出特殊部分，以期在不损害公司利益的前提下，增加客户所能得到的价值。例如，对于有特殊要求的客户，是让客户自行完成设计方案还是交由厂家完成？有了这项选择，销售人员就可以把话题由价格引到产品发展过程中的价值增值服务的问题上来。由此，公司的收入和利润就获得了显著的增加。

对于无差别的产品，你可以关注它的服务，从而增添变量因素。例如，普通商品的销售可以考虑一下付款方式的选择、数量折扣、搭配销售等变量因素，你所掌握的变量因素越多，谈判成功的概率就越大。

### 2. 时刻关注需要讨论的问题，不要偏离主题

长时间没能取得丝毫进展会让人沮丧，这时最关键的就是保持头脑冷静，注意客户的言语及神态，适时总结一下谈判所取得的进展。例如，你是不是可以这样说，把话题重新引到你所期望的主题中来："我们已经在这些问题上工作了 3 个小时，试图达成一项公平合理的解决方案。现在，我建议重新回到付款条款上来，看看是否能做出总结。"

### 3. 当受到攻击时要冷静，先听一听，尽可能多地了解客户的思路

顾客一旦进入他的思路里，争辩根本无法使他动摇。在这种情况下，最好的劝说办法就是聆听。例如，当受到攻击时，大部分人的本能反应便是保护自己，或者反戈一击。对于正在谈判过程中的销售人员来说，这两种做法都会引发火药味很浓的对峙，而如果倾听顾客谈下去，会有以下好处：首先，新的信息可以扩大活动的空间，增添变量因素数目；其次，静静地聆听有助于化解怒气；最后，如果你是在聆听，你就没有做出任何让步。

### 4. 确定谈判的风格同样非常重要，切勿采取具有挑衅性质的谈判风格

如果你这样说："你使用我们的服务要比普通客户多 50%，你们应该为此付费。"这会招致客户立刻摆出防范的架势。销售人员应该通过强调双方的共同利益来建立起共同的基础，避免过激语言。更好的说法是："很显然，服务是整个项目中的关键一项，目前你们使用的频率比普通客户多 50%，使我们的成本骤然上升，那就让我们一起来找出一种既能降低服务成本，又能保证服务质量的办法。"

### 5. 把最棘手的问题留在最后

当你手头有一堆的问题要谈判时，千万不要从最难的问题入手。原因有两点：首先，解决相对简单的问题可以为发展下去创造势头。假设你在与一位客户打交道，这位客户一心准备在关键问题上将你击败，但你如果以竞争性不强的问题作为开始，并找出一些好的解决方案，就会令客户发现挖掘新的解决方案的意义所在。其次，通过讨论简单的问题可以发现更多的变量因素，在谈判进入核心阶段时，这些因素会起一定的帮助作用。

### 6. 起点要高，让步要慢

讨价还价是谈判过程中最常见的事，你可以从一些你能做出让步的方面开始下手。大量的例子表明：你的期望值越高，谈判结果就越理想；而你的期望值越低，谈判的结果就恰好相反。在谈判开始之前，一旦你降低了自己的期望值，你就已经在自己的脑海中做出了第一步退让，客户则会很自然地向你直逼下去。有句老话是"先让者输"。但有一种情况可以这样做，那就是你必须了解到客户并没有除了你以外的其他供货渠道，这时销售人员为了能让交易顺利进行下去可以先做出让步。

### 7. 不要陷入感情欺诈的圈套

精明的买家甚至会以感情因素难为销售人员，而不是按照生意的原则来达成交易。客户时常会利用各种感情因素使销售人员乱了阵脚，做出并不情愿的让步。有些人把这种情感因素当作预谋好的策略，销售人员要知道如何应对。第一，回避。要求休会与上司商量一下，或者重新安排谈判，时间和地点的改变会使整个谈判场面大为不同。第二，当你的客户大声嚷嚷或主动表示友善时安静地聆听，不要做点头状，保持与客户的目光接触，神情自然，但千万别对客户的行为予以鼓励。当长篇的说辞告一段落，你可以建议一个有建设性的计划和安排。第三，公开表达对客户的意见，但这样做要把握好时机，不要让顾客感到下不了台而使整个谈判过于匆忙。

在与客户打交道时，创造力是做成生意的最佳方法。

第十章

# 人事两分开，顺利签约与收款画上完美句号

一切准备工作都是为了成交，而签约才能使成交得到确定，收款才是圆满结局。在销售的运作过程中，最好是走感情路线；而在关键问题上，则一定要理智清醒，切不可感情用事，以感情代替理智，犯不必要的错误。

# 事先拟订合同，趁热打铁让对方签字

从大的角度来看，客户确定生意可以做，一般有两个信号：一个是行为信号，另一个是语言信号。

先说行为信号。如果一开始时客户有异议，但谈到最后你帮他解决了，大家都长舒一口气，心情放松了。客户有一种放松的感觉，不是像一开始那么紧张了。客户主动想跟你套近乎，那就证明客户要下决心了。

再说语言信号。这个时候客户又跟你讲，"你这个产品除了这个价还能给我什么？"在这个时候他是认真地跟你讨价还价了。他想花最少的钱买最好的东西，所以一点好处都想要。"这个能不能送我啊，那个能不能送我啊，你有什么促销活动多给我点"。因为有一些交换的性质在里边，所以是明显的信号。

还可能有其他信号。心理学认为，当客户准备签合同或者掏钱的时候就会犹豫，这个时候如果哪一个人能够出面推他一把那就成功了。所以在这种情况下要抓住他，就要使用一些成交的技巧。

当客户处在一种忽然感觉到自己心情放松的时候，问题基本上也没有了，在这种情况下，买卖双方都会出现一个暂时性的空白。这时，销售人员应该说"该签合同了"，客户应该说"那就该签合同了呗"。但是你指望客户说这样的话，几乎不可能。实际上很多客户都是在这个环节流失了。

在这种情况下，销售人员不能让他走。而是要顺理成章，抓住技巧趁热打铁，还要有的放矢。在适当的时候，建议客户签合同是非常重要的。当然，销售人员要随时随地带好合同，而且随时随地能够签订合同。

从更细节一些的角度来看，所有的谈判都是以成交为目的的，销售人员应该密切注意客户的反应信号，从而及时成交。

• 当销售人员将方案的细节、报价等情况详细说明后，如果你看到客户突然将眼光集中，表现出认真的神态或沉默的时候，销售人员要及时询问成交。

• 听完介绍后，顾客本来笑眯眯的突然变得紧张或由紧张的神情变成笑眯眯的，说明客户已准备成交。

• 当客户听完介绍后，客户会彼此对望，通过眼神来交换看法。表现出向他人征求意见的神情时，应不失时机地终结成交。

• 当介绍结束后，客户会把前倾的身体紧靠椅背，轻轻地吐出一口气，眼睛盯着桌上的文件时，这时销售人员应及时成交。

• 当你在介绍过程中，发现客户表现出神经质的举止，如手抓头发、舔嘴唇、面色微红、坐立不安时，说明客户的内心正在进行激烈的斗争，销售人员应把客户忧虑的事情明白地说出来，尽力促成成交。

• 当客户靠坐在椅上，左顾右盼，突然双眼直视你的话，那表明一直犹豫不决的人下了决心。

• 当销售人员在介绍过程中，客户反复询问细节问题并翻阅资料时开始计算费用，离交易成功就不远了。

• 当销售人员在介绍过程中，客户有类似儿童般的兴奋反应或者频频点头，表示客户已决定成交了。

• 如果以前口若悬河的客户，开始询问一些相关的问题并积极讨论，则表示客户有成交的意向了。

• 如一位专心聆听寡言少语的客户询问付款的问题，表明客户已有成交的意向了。

• 如果客户低垂眼帘，表现困惑的神态，销售人员应多一些细节介绍和示范即会达成交易。

• 在销售人员介绍完成后，客户意外地拉把椅子过来。或喝你为他准备水时，也表明客户准备成交了。

• 当客户从语言上想确立价格和付款方法，询问公司的服务和其他公司相比较并认真谈到钱的话题时，说他暂时不需要，但仍询问要点等情况时，即可和客户谈成交的问题。

同时，还要注意有碍成交的言行举止。

● 惊慌失措：成交即将到来时，销售人员表现出额头微汗、颤抖等，神经质动作会使客户重新产生疑问和忧虑，如果客户因此失去信心，那你会失去客户的信任和订单。

● 多说无益：既然已经准备成交，说明客户的异议基本得到满意解释，在此关键时刻应谨言慎行，牢记沉默是金，以避免因任意开口导致客户横生枝节，提出新的异议而导致成交失败。

● 控制兴奋的心情：在成交之时，喜怒不形于色是非常重要的，此时的一颦一笑会使客户产生不良感受。

● 不做否定的发言：在成交的时刻，应向客户传达积极的消息使之心情舒畅地签约。

● 见好就收：在成交后不要与客户长时间的攀谈，以免夜长梦多。

## 事先一定要对签约代表人的个人背景有所了解

一般来说，销售人员都希望自己的销售业绩顺利达成。因为求成心切，也往往容易造成一些致命的问题。都会造成哪些问题呢？我们以中国一些国际贸易问题为例。

### 1. 眼见不一定为实

例如，有个公司在交易前曾经亲自前往客户当地考察，发现对方办公场所在高级写字楼，董事长是中国使馆的座上宾，经营网点和加工厂区规模宏大。但交易后对方一直拖欠货款，后经调查发现，客户的董事长的确很有实力，但与中方签约的却是其在交易前刚刚设立的一个注册资金规模非常小的企业，根据法律，中方无法向该董事长的其他企业主张权利，只能起诉跟它签约的企业，使中方的货款收回没有任何保障。

### 2. 名头大不一定实力强

世界各国的公司法律体制千差万别，不要被对方的"名头"所迷惑，例如在美国，注册一个带"国际"字头的公司并不比注册一家杂货店更麻烦。

另外，在有些国家，注册资金 1000 万元跟注册资金 1 万元区别不大，无须全部认缴到位，注册时也不一定交纳很多的注册费。

还有，实力弱的子公司以实力较强的母公司的名义进行业务，但发生纠纷却无法追究母公司责任。

### 3. 以偏难以概全

在国际贸易活动中，如果只从一个渠道了解对手的资信状况，往往很难保证信息的准确性，尤其是通过对手故意透露给你的渠道。而通过正规的资信调查，则可以通过多种渠道了解该公司的情况。例如，某国外公司曾向中方提交过一份"在某银行有 7 位数美元存款"的资信证明，中方与该银行查核结果也确实如此。但通过综合调查，发现对方根本就是一个皮包公司，其银行证明是通过欺骗手段得到的。

其实，不仅是国际贸易存在着这样那样的问题，国内贸易也是如此，只是具体表现方式有所不同罢了。所以，销售人员要谨慎对待这些问题，不给自己造成销售上的失误和错误。也就是说，销售人员事先一定要对客户情况、客户单位情况，以及签约代表人的个人背景做一番必要的了解。

具体签合同时，还要注意一些细节。如果与企事业单位签合同，那一般是企事业的法人代表，并要加盖单位公章。如果是个体企业，就是个体老板签；如果法人代表因故不能到场，可由其委托人代为签字，但要向受委托的人写一个书面委托书，受委托人有了此书才能代签合同。这样的合同才是有效的。

同时，要核实主体资格。合同对方为自然人，要核实并复印、保存其身份证件，确认其真实身份及行为能力。合同对方为法人，要核实订约人是否经其公司授权委托，查验其授权委托书、介绍信；签订合同必须提供《企业法人营业执照》《企业法人代码证》《国税税务登记证件》、法人身份证明书、签约代理人的本人身份证和授权委托书；合同必须加盖对方单位公章、合同专用章。合同对方为其他组织，对方当事人为个人合伙或个人独资企业，要核对营业执照登记事项与其介绍情况是否一致；有合伙人及独资企业经办人签字盖公章。合同对方除加盖公章，还要亲笔签名。

## 及时补充合同中的变更事项

合同签订之后，有时因为主客观因素会涉及一些变更事项。销售人员应该及时与客户方进行补充或者变更，切不可延误，以致造成问题。

2007年10月，上海虹口区消保委接到一起消费者关于装潢方面的投诉，据消费者杨小姐反映，在装潢结束后发现新铺设的地板有多处损坏迹象，经杨小姐仔细查看，发现竟有38处人为刮坏的现象，与装潢公司多次交涉，装潢公司一直拖延不予处理，一怒之下投诉到消保委，要求装潢公司赔偿损坏地板38块，每块18元，以及延误工期40天，按合同约定每天50元，共计2684元的赔偿要求。

调解过程中，装潢公司提出工期延误是由于在施工过程中，施工项目发生变化，增加了多项施工项目，如增加书橱、书柜、门套、吊顶、阳台三层柜、鞋柜等项目，以及在施工过程中消费者要求调换涂料应收取的差价1000元费用。同时消费者也提出在施工中减少部分项目，如大理石电视柜、厨房橱柜台面、卫生间台面、台盆。由于双方在装修初期相处融洽，故施工方对于变更的施工项目没有办理变更手续，导致在调解过程中双方均提供不出相关证据。最终在消保委调解员的调解、劝说下，双方达成一致，施工方愿意承担20天延误工期的费用1000元，地板损坏500元，消费者承担调换涂料所发生的差价1000元。

由于纠纷双方在装潢初期合作愉快，而忽视合同变更所应办理的变更手续，致使发生上述纠纷。这个案例提醒销售人员，当合同发生变更时，应及时签订补充协议，明确补充事项。

从法律意义上讲，合同的变更，是对原订合同的内容进行修改或补充。它是指合同在没有履行或者没有完全履行之前，由于实现合同的条件发生变化，合同关系的当事人依据法律规定的条件和程序，对原合同的某些条款进行修改或补充。

合同内容的变更，是指在合同没有履行或没有全部履行之前，由于一定的原因，由当事人对合同约定的权利义务进行局部调整。这种调整，通常表现为对合同某些条款的修改或补充。如买卖合同标的物数量的增加或减少、交货时间的提前、延期，运输方式和交货地点改变等都可视为合同的变更。

按照法律规定，以下原因可以导致合同变更：因不可抗力使合同不能履行而变更，因情势变化致使合同履行显失公平而变更，因当事人违约而变更，因订立时意思表示不真实而变更，因当事人自愿而变更。

合同既然是当事人协商同意订立的，那么，也可以根据当事人双方的意愿变更，这同样体现了合同中的自由原则，体现了当事人的意志自由。一般地说，经过双方当事人重新协商同意，是允许变更他们订立的合同的。在双方协商一致的情况下，允许变更合同，其目的是为了使当事人的合同关系更能适应已经变化了的新情况，使生产经营活动更能符合实际需要，避免造成不必要的浪费或者损失。

现实生活中，合同变更多数情况下是双方自愿协商一致所致的。因法定变更请求权而变更的，毕竟是少数。合同变更应具备以下几个条件。

一是原已存在着合同关系。合同的变更是在原合同的基础上，通过当事人双方的协商，改变原合同关系的内容。因此，不存在原合同关系，就不可能发生变更问题。对无效合同和已经被撤销的合同，不存在变更的问题。合同变更，通常要遵循一定的程序或依据某项具体原则或标准。这些程序、原则、标准等可以在订立合同时约定，也可以在合同订立后约定。

二是合同的变更须依据法律的规定或当事人的约定。

三是合同变更必须遵守法定的方式。法定的变更合同的方式是当事人必须遵循的，如未遵循这些法定方式，则当事人即使达成了变更合同的协议，也是无效的。

双方都同意变更合同的，经过协商同意，达成一致意见后，应制作变更合同的协议书。

## 按合同办事，而非按人情办事

谈业务的方式可以感性，至于业务内容的处理就必须理性。所以，跟客户的业务关系要按合同办事，而非按人情办事。

据有关媒体报道，近期张学友演唱会的"定金门"事件再生波澜，而张学友经纪人陈淑芬和浙江世纪风采传播文化有限公司的各执一词，更是让这件事迅速成为行业焦点。

据说，双方的矛盾要追溯到去年：浙江世纪风采传播文化有限公司董事长祝伟民去年9月曾把1000万元诚意定金打到时任北京天星文化娱乐有限公司总经理沈诗仪的账户里（北京天星是香港天星娱乐的北京代理公司），后来演唱会并未举办，经协商，沈诗仪退回了其中的700万定金，而剩下的300万定金却不知流向何处。

祝伟民在新闻发布会上展示了当时签订定金合同时的收据，由于沈诗仪只开具了一张300万元的收据，而祝伟民所打的1000万元是到了沈诗仪的私人账户里，因此祝伟民的律师私下也承认这个交易不明晰的合同是此次官司中最难处理的环节。

双方孰是孰非自有法律来评判，我们在这里想说的是这份合同。在演出界，这种不明晰不规范的合同被称为"人情合同"，是业界潜规则之一。

事实上，早在2007年，我国第一部关于演出合同的专业书籍《演出合同示范文本》已由文化部、文化市场司审定发行。该示范提供了50个合同示范文本，基本囊括了演出行业的各个环节。然而，不规范的"人情合同"仍然困扰着演出界。特别是在目前优秀演出资源稀缺的背景下，演出商为了争抢稀缺的优秀演出项目，不惜动用各方面的力量和关系，自然也会采用诸多非正常的竞争手段。

比如此次"定金门"所暴露的"人情合同"问题，陈淑芬始终坚持祝伟民的定金合同是和沈诗仪签订而非与香港天星本身签订。而沈诗仪此类"活跃的中间人"正是目前演出市场上的一个普遍现象，他们利用各种关系举办各种演出活动，用人情代替合同和规范的市场运作，在这个灰色地带往往容易产生各种经济纠纷。

而犹太人做生意就十分注重合同。出口商比尔与犹太商人拉克签订了10000箱蘑菇罐头合同，合同规定为：每箱20罐，每罐100克。但出口商比尔在出货时，却装运了10000箱150克的蘑菇罐头。货物的重量虽然比合同多了50%，但犹太商人拉克拒绝收货。出口商比尔甚至同意超出合同重量不收钱，而拉克仍不同意，并要求索赔。比尔无可奈何，赔了拉克10多万美元后，还要把货物另作处理。

此事看来似乎拉克太不通情理，多给他货物也不要。可事实不是那么简单。犹太人精于经商，深谙国际贸易法规和国际惯例。他们懂得，合同的品质条件是一项重要条件，或者称为实质性的条件。合同规定的商品规格是每罐100克，而出口商交付的每罐却是150克，虽然重量多了50克，但卖方未按合同规定的规格条件交货，是违反合同的。按国际惯例，犹太商人完全有权拒绝收货并提出索赔。根据联合国公约，出口商的行为是违反合同的，犹太商人此举是站得住脚的。

此外，还有个适销对路问题。犹太商人购买不同规格的商品，是有一定的商业目的的，包括适应消费者的爱好和习惯、市场供需的情况、对付对手的策略等。如果出口方装运的150克蘑菇罐头不适应市场消费习惯，即使每罐多给50克并不加价，进口方的犹太商人也不会接受，反而打乱了他的计划，有可能使其通路和商业受到损失，其后果是十分严重的。

最后，还有可能会给买方犹太商人带来意想不到的麻烦。假设犹太进口商所在国是实行进口贸易管制比较严格的国家，如果进口商申请进口许可证是 100 克，而实际到货是 150 克，其进口重量比进口许可证重量多了 50%，很可能遭到进口国有关部门的质疑，甚至会被怀疑有意逃避进口管理和关税，以多报少，要受到追究和罚款。

通过正反两个案例，我们是要提醒销售人员，按合同办事而非按人情办事，才是做生意的根本之道。

第十一章

# 利润倍增，大客户的培养与可持续性销售

销售界有一句名言，成交才是营销的真正开始。的确，既然是大客户，就很可能存在持续性销售和转介绍的问题。这可都是我们求之不得的好事情，所以要特别重视大客户关系的培养，以便结出更丰硕的利润果实。

# 成交才是营销的真正开始

传统的销售止于货款两清，即一旦成交，销售行为就宣告结束。而新时代的销售恰恰相反，一次成交意味着下一次合作的开始，应在成交的基础上进一步巩固彼此的合作关系。对于任何一家企业来说，客户永远都是最宝贵的资源，所以客户关系的建立也就成了现今企业竞争的焦点。

乔·吉拉德有一句名言："我相信推销活动真正开始于成交之后，而不是之前。"任何销售都是一个连续的活动过程，只有起点，没有终点。成交并非推销活动的结束，而是下次推销活动的开始。在每次成交之后，营销人员都要继续关注客户，关注内容有很多，包括产品是否有质量问题、客户在使用产品的过程中有没有什么不清楚的地方，等等。

营销的终极目标是培养更多的忠诚顾客，因为先有顾客，才会有销售业绩；顾客越多，销售业绩就越好；大批忠诚的顾客是营销人员最重要的财富。

永远不要做一锤子买卖式的生意，很多营销人员习惯于每天寻找那些有即刻需求的客户，而一旦成交之后，就认为这个已成交的客户不再有价值，马上转向新客户。这些营销人员因为只顾寻找新顾客而丢掉了自己最重要的顾客——已成交的客户，这种做法往往得不偿失。

营销行业有一个普遍的现象：那些非常辛苦而业绩又不理想的营销人员常常是从找到新顾客以取代老顾客的角度考虑问题的；那些工作轻松而业绩又拔尖的营销人员则是从保持现有顾客并且扩充新顾客，使顾客越来越多的角度考虑问题的。

"你忘记顾客，顾客也会忘记你。"这是国外成功推销员的格言。在成交之后，继续不断地关心顾客，了解他们对产品的满意程度，虚心听取他们的意见，对产品和推销过程中存在的问题采取积极的弥补措施，防止失去老顾客。

成交之后继续与顾客保持密切的联系，时刻牢记"永远不要忘记顾客，也永远不要被顾客忘记"这条颠扑不破的营销真理。

在北京有个饭店，刚开业不久，生意平平淡淡，但是后来他们老板做了关系网营销，只要你吃完饭，把我们的店铺推荐给你的朋友，把这些菜拍个图发到你的微信，写下自己的感受，就给你打9折，转发到微博，那就打8折，再转到QQ空间，继续给你打7折。每个客户都经过这么3次转发，曝光率是相当的高，身边的朋友同事亲戚几乎都知道这家餐馆了，而且转发的时候又是对他们餐馆好评，说他们味道不错，当然会有更多的人过来啦。

朋友的建议有时候比商家的广告更有影响力，当你想做一件事，但又不知所措的时候一般都会咨询朋友的建议，找朋友帮助，商家想要卖出产品就需要建立一个信任，你想卖个产品给你的朋友，那是非常简单的事情。

每个人都会有自己的圈子，小朋友只会跟小朋友在一起，姚明也只会跟乔丹在一起，老板肯定也有老板的朋友。当我们要开发新客户，或者卖完一个产品的时候，不妨让他也介绍他的朋友尝试一下我们的产品。朋友的介绍，比商品的销售更有说服力。

想让客户转介绍你的产品其实很简单。很多人都用错了方法，利诱客户，给客户好处，让客户帮忙宣传，这样客户会帮你宣传吗？假如你的朋友哪天让你去购物，价格还是原价，没优惠，你后来知道他是为了拿提成才叫你去的，你会买吗？估计不会。客户不会为了你这点好处，破坏了朋友之间的友谊。所以，应该双方都给好处，不能只给单方。当然，给双方的好处可以有区别。

尤其在当今互联网时代，谁的客户越多，谁就能卖得越多，谁就会产生更多的利润。

# 跟踪服务，及时了解大客户的体验

在强手如林的诸侯纷争中，苹果手机尽管作为后进入者，但这并不影响其成为手机中"高大上"的代名词，并迅速以极具亲和力的方式启发和诠释着人与欲望、人与科技、人与梦想的关系。

在这个品牌制胜的时代，要想在众多优秀的品牌中脱颖而出，仅靠功能特性已经远远不够，只有赋予品牌更多人性化的因素，才能产生更大的吸引力。传统营销追逐消费者，而苹果一直以来却是在创造被追逐，构建属于自己的"被追的乐园"。这是因为，苹果引导生活方式消费，创造市场势能。苹果通过对电子产品网络化新时代生活趋势和本质的把握，比其他厂商更快、更准确地发现了消费者的欲望之都和满足密码。

产品如何让消费者喜欢，甚至让消费者爱不释手，除了产品本身的品质之外，还应该有消费者的体验来背书。苹果的渠道，主要通过体验中心这一平台，让消费者在愉悦、舒适、宽松的自我体验探索中激发了欲望动力。

和苹果的产品一样，乔布斯对专卖店销售各个环节（从进店到付款取货）做了高度的简化。比如，强调要让顾客一进入这个零售区域，只需看一眼，就了解这里的流程；减少出示信用卡和打印凭条这样的步骤。苹果专卖店和其他零售商最核心的一个区别是店员不以销售为目的。店员的收入和销售额没有关系，而是专注于帮助顾客，这样可以加强顾客和苹果的关系。而大多数的零售商的店员都以销售为目的，甚至是不需要的产品，这样无法加深顾客与零售商的关系，顾客自然也不愿付出溢价。

苹果的成功和创新都离不开细节，专卖店也是如此。比如，讨论厕所标志该用哪种灰色，铺地面所用石头的颜色、纹路和纯度都有特别要求。乔布斯对楼梯的设计也极为重视，甚至因此获得了两项与之相关的专利。在乔布斯之后，总有人试图在这个领域尝试，但多半都未能成功。体验店的形式反而束缚了大多数公司的形象。最好的模仿者也就是做成了一个体验店，但难以在销售上达到苹果专卖店那样的规模。

"销售圣经"里最重要的一条告诫是——你推销的是煎牛排时的嗞嗞声，而不是牛排本身，因为是嗞嗞声让人流口水。苹果专卖店提供的也是这样的嗞嗞声：城市中心的繁华位置，极简、完美、"高大上"风格的专卖店里，了解和享受各种创新的产品和服务，并且有专家在旁随时解答问题。

苹果深刻地洞悉了消费者内心欲望的动力，知道顾客在走出苹果店之后的满足感。这个满足感可以表现在类似于第五大道这样的地方——除了必要的元素，还有一些很难说得清楚的东西，并且恰好被把握住了，于是有了难以复制的苹果商店。商业的魅力也许就在这里，心旷神怡、惊心动魄、无以言表就是它的灵魂。

我们举苹果这个例子就是想说明，不了解客户的体验，就不知道如何进一步跟进，包括改进产品和改进服务。跟踪服务，及时了解大客户的体验，就是为了这个目的，最终是要赢得大客户的人心。

## 增值服务，不断满足客户的需求

现代商业强调人性化服务，不仅要为老客户着想，也要为新客户着想，换言之，就是要为所有的客户着想。而着想的最主要方法，就是提供增值服务，不断满足客户的需求。

作为全球最大、访问人数最多和利润最高的网上书店亚马逊公司，面对越来越多的竞争者能够保持长盛不衰的法宝就是不断满足客户的需求。当你在亚马逊公司第一次购买图书后，其系统就会记录下购买或浏览过的图书，当你再次进入该书店时，系统识别你的身份后就会根据你的喜好推荐有关书目。你去该书店的次数越多，系统对你的了解也越多，它也就能够为你提供更完美的服务，因此亚马逊公司始终维持着65%的回头率。

我们再以中国人的商业活动为例。互联网诞生之后，一个又一个创业神话如雨后春笋般出现，不仅有美国的微软、苹果们的"神迹"，也有中国高手奇才们的"神迹"，小米就是其中一个。人们常说，事情有因就有果，有果必有因。小米的成功，当然也不会是无因之果。

一家成立不到三年、产品卖了只有一年多的创业公司竟然跻身三百亿元俱乐部的行列。这样的成绩在全球创业公司中不仅绝无仅有，而且成了广泛关注的小米现象，并引起同行在推广模式上的竞相模仿。其背后隐藏了什么样的营销之道？

综观小米火热的背后不难发现，采用互联网直销的营销策略方式，吻合了熟悉电商和被线上知名平台多年的引导80后、90后一代的网络消费群体心理。从价值提供方面，小米每周更新四五十个，甚至上百个功能，其中有1/3来源于米粉。苹果的更新是一年一次，谷歌是一个季度发布一个版本，而小米则是一个星期发布一个版本，风雨无阻。雷军说："根据数百万用户意见进行软件更新，与米粉一起做好的手机，这才是小米最大的创新。"

从平台搭建与互动来看，小米就牢牢扎根于公众，通过米聊、社区论坛等平台，让公众尤其是发烧友参与开发，每周五发布新版本供用户使用，开发团队根据反馈的意见不断改进，此后的米聊和小米手机皆如此，而且还鼓励用户、媒体拆解手机。有人说发烧友是一个特定的用户群，不一定能代表广大用户，但这些人其实是最苛刻的用户，他们的反馈意见将推动小米手机不断地改进用户体验。而且数十万人的发烧友队伍将成为口碑营销的主要力量。

现代营销已经彻底改变了"一锤子买卖"的观念，提倡提供增值服务，不断满足客户的需求。其实，也只有这样，才能让客户始终跟我们站在一起。

## 关注客户，洞悉客户的需求变化

一般来说，客户的需求不会一成不变，也是要变化的。需求变化乃是正常现象，重要的是洞悉这种变化，进而适应这种变化。

我们这里以乔布斯的苹果产品推广为例。苹果极其善于掌控顾客，并懂得战略产品上市的每个动作，该在哪个环节发力。

苹果不会等到新品上市后再想着如何来卖，是不是该开个新品上市发布会，还是直接发价格单和产品说明给渠道经销商。正如乔布斯所说，如果等到这个时候再想这些问题，那新品80%以上会失败。早在新品有一个概念性想法的时候，苹果就开始了它的新品造势活动，这种与终端渠道商、顾客的互动沟通，会贯穿新品上市全程的始末。

在苹果的战略大品推介到推广中，我们可以发现三种"神通"。

一是他心通，洞悉顾客购买动机。消费者从对某种商品的需要出发，到引起购买行为，要经过复杂的心理活动过程。这一过程表现为：对商品的感知过程、对商品的思维过程、对商品的情绪过程。从感知一样商品开始，必然有所动机。

购买动机大体划分为：以使用为主要目的的动机和以得到心理满足为主要目的的动机；感情动机、理智动机和信任动机；初始动机、挑选动机和惠顾动机。可以说，苹果手机的消费者是兼具了以上三种动机的。苹果手机产品的设计研发紧紧围绕消费者内心需求心理与动机为出发点，并对应地精雕细琢于手机的每个细节。

二是魅力秀，让产品自己说话。新品研发的导向是，与时俱进地顺应潮流，站在消费需求和人性角度，为消费者首先提供足以震撼和近乎完美的大品。苹果的每次亮相，都让竞争对手唏嘘不已，让消费者惊喜无限。究其原因，还是因为苹果的每一款产品都一直hold（控制）住消费者的欲望顶点，并且能一直hold到底！

苹果iPad（苹果平板电脑）曾在美国上演了万人空巷的一幕，开售不到一个月，销量已破百万台，而在日本，预售首日便引起预订狂潮。能将新品上市玩得如此出神入化，还未上市就能让万千粉丝捂着口袋等着它的出生，没有超常的魅力是绝不可能的。

三是勾魂丹，撩拨起无尽的人性欲望。苹果总是能制造并抓住"市场的期待"，通过对产品上市全程动作和节奏的巧妙设计，让消费者随着节奏翩翩起舞。

据了解，在 iPad 产品远未成型、尚在概念测试阶段时，苹果就开始启动新品的系列宣传。乔布斯会在新版发起一场新品概念发布会，利用虚拟技术对新品大肆鼓吹，激发"果迷们"的无限憧憬。接下来漫长的新品研发时间里，苹果会时不时在全球知名网站上发布新品"病毒贴"，将研发中的一些小花絮，新技术与当下火爆电影场面的结合等吹得天花乱坠，让"果迷们"的注意力一直伴随着新品的研发进度跳动。

苹果公司每推出一款新产品的推介会，都会选择充满神秘色彩的剧场进行，通过幕剧的形式对产品进行宣传，激起人们强烈的好奇心，打造出一种独有的苹果文化，培养了疯狂的苹果粉丝。

苹果很多产品在其推出前和推出后都会有大量的短缺现象。这种造成市场饥饿感的手法，苹果运用得可谓炉火纯青。苹果的营销已经用精神和价值观来号召和统领消费者了，超越了纯粹的产品层面，这正是伟大品牌营销追求的至高境界。苹果真正不同的是，别人向消费者灌输，苹果则是吸引，姜太公钓鱼——愿者上钩。

苹果在产品推广中，拿捏的最为到位的就是将人性营销发挥到了极致。苹果的哲学是"做正确的事"，这个正确，不是技术，不是设计，不是美学，而是"人性"。

彼得·德鲁克说："市场营销的目标是使推销成为多余。"这是真正至高的营销境界，看来苹果确实做到了。

关注客户，洞悉客户的需求变化，需要销售人员用心，同时也需要销售人员具备最高的智慧境界。

## 留一手，小心客户的背叛

有一句话说："得大客户者，得天下。"大客户的重要性可想而知。其实，有不少因素都在影响着客户决策。提高大客户的忠诚度，做好大客户的背叛的防范工作对于销售人员而言，实在是很重要的事情。

商场的竞争那么激烈，到处都是战争的硝烟。辛辛苦苦开发的客户，在看到各种诱惑后，都可能走向我们的竞争对手，倒戈竞争对手。

那么，怎样做才能最大限度地降低大客户的背叛呢？搞清楚背叛的原因，才好对症下药。

如果是竞争削弱了你的价格。这种问题只出现在你允许你的产品或者服务能够轻易被复制的情况下。例如，如果你向自己的客户销售打印纸的话，他们最终会找到另一个能够用更低价格为他们提供打印纸的人。

为了避免这种问题，要提供个性化的而不是标准化的产品和服务。不断地提高个性化的"档次"，这样，竞争对手就不会那么容易染指这家客户，也没有这么容易替代你了。例如，既提供打印纸，还为你的客户最重要的文件提供编辑、样张打印、装订等服务。

如果客户得到了糟糕的服务，没有什么比在客户真的需要你的支持的时候，像对待垃圾一样对待他们能够更快地失去他们的忠诚了。这就是为什么说那些视客户服务费用为企业成本，应该将其削减至最小的企业简直是疯了的原因。

如果你对待客户的态度很差，那么就在他们的嘴里留下了"酸涩"的味道。这是一种永远都不会消失的味道，所以只要客户可以有其他的选择，他们就会离开你选择他人。只有在你所处的行业中的每个人都提供同样糟糕的服务的时候，你才能够在用糟糕的服务提供给客户的同时留住他们。即使如此，某个竞争对手变得更聪明，知道如何让你的客户高兴也只是个时间的问题。

如果是因为大客户现在转移了市场，自己的产品不符合他的要求，作为客户的供应商就要以客户的需求为导向，灵敏地转动自己的生产方向，跟上大客户的脚步。

要做到这一点，仅仅是频繁地和你的客户沟通是不够的。你必须预计到你的客户在未来一两年内的情况，并且在客户到达那里之前就着手做准备。

如果是其他竞争对手想挖走大客户，那么就要仔细了解原因，可以的话也要给大客户同样的优惠。留住客户，才有利润可取。

知道了问题的所在，解决起来就更有针对性，可以为客户量身定做一个服务计划，在公平不违背利益的前提下，不同服务不同对待，将损失降低到最小的范围内。

总之，避免客户流失，最大限度地挽留客户，是销售人员必须重视的。特别是在售后的服务中，应该时刻了解客户的需求和动态，做好大客户背叛的预防和疏导工作，尽最大努力留住客户。

## 让客户参与到产品的改进之中

自20世纪70年代以来，从营销的角度研究产品开发中的客户需求信息逐渐成为学术界和企业界共同关注的话题。伴随着科技进步和经济发展的双重推动，客户需求呈现出复杂多变且个性化消费日益显著的局面。为了更好地满足客户迅速变化的需求，最好的办法就是让客户深入参与到产品开发中来，设计出自己满意的新产品。

尤其是在信息技术飞速发展的今天，互联网为客户参与产品开发提供了技术支撑，使客户能够更好地满足自身需要，也使企业的产品开发和营销活动能根据客户提供的信息有的放矢，客户与企业在各自利益驱动下走到一起，走上创造最大合作共赢的道路。比如小米手机，就是这样的一个典范。

正如雷军所讲，小米创新在什么地方呢？到2014年7月1日，小米通过销售大量的手机，形成了一个7000万用户群的MIUI（米柚）用户，这个系统的好处就是小米最大的创新点。它源于一个朴素的想法，在雷军参与金山软件的创办的时候，有机会见到诺基亚、摩托罗拉全球研发的老大，他就将原来用诺基亚、摩托罗拉时感到不方便的地方告诉他们，提出修改意见，他们听完以后觉得有道理，可是雷军却没有见到他们改过。雷军经营几千人的软件公司，自己就在做这个，他提的意见肯定不是外行的意见。

所以雷军就在想，能不能做一款手机，如果你有意见告诉我，如果我觉得有道理，我可不可以立刻就添到我的手机里面？雷军就是用这样的想法开始做 MIUI。他给 MIUI 定了一个要求，即每一个星期发布一个新的版本，这样用户提出的意见只要合理，我们一周之内就能改。可能大家对一星期出一个操作系统没有概念，在传统意义上讲，做操作系统要花很长时间测试，所以发布周期非常长。小米最大的创新就是每周能发布一个操作，这里面有很高的技术含量。

这个技术支撑之后可以做什么？可以在网上号召上百万人提意见，然后通过各种机制筛选出有价值的建议，把这些建议做到产品里，而且做完以后还问你这个功能怎么样。你如果觉得不好可以一直改，改到你满意为止。创办几年来小米每个星期坚持不断、风雨无阻地更新，一共发布了 200 多个版本。

有人就问雷军："你这个手机好在什么地方？"其实小米在设计理念上是"集大成设计"，里面有非常多的细微设计很实用。举一个小例子，当你来了一个陌生电话，系统会告诉你这个电话是送货员还是中介机构，是推销还是骚扰电话，或是骗子，这样你就可以选择接还是不接。如果是送货员，甚至有送货员叫什么，送货员的照片，这个功能最早是在小米手机上出现的。

小米手机为什么有如此多的"发烧友"？通过雷军自己的现身说法，我们就可以很明白了。作为销售人员，如果也能让客户参与到产品设计中来，就不仅能够满足他们的产品功能需求，而且能够满足他们渴望尊重的心理需求，为密切商业关系打下良好的基础。

# 跟客户一起成长

某企业的《新员工培训手册》上写道，千万不要对你的客户进行任何形式的抱怨，因为如果没有他们的话，你就会无事可干，从而也不会有一分一厘的薪水可领。

所以，销售人员要跟客户一起成长。而若想实现与客户之间的共同成长，最根本的是要获得客户的支持与信赖，因为有了客户的支持与信赖，我们才能与客户之间形成良好的合作，最终才有机会与客户共同进步。客户的支持与信赖是一个销售人员成功的关键，也是销售人员获得进步的重要条件。

在这个竞争与协作并进、机遇与挑战共存的现代商业社会中，客户与我们的利益是息息相关的，客户好，我们才会真的好；只有客户的利益得到了有力的保证，我们自身的利益才能得以实现。因此，我们必须善待每一位客户，真诚地为每一位客户提供最优质的产品和服务，要在帮助客户获得更好的发展机会的基础上努力实现自身的进步与发展。

事实上，销售人员的竞争力与客户支持之间有一种相辅相成的内在联系。客户的支持与合作，无形中帮助销售人员铸造了竞争能力。

很多最初涉身商业领域的人都认为，只要有人表示愿意购买自己的产品，那就是对自己的支持，自己就会从中获得相应的利益，并因此而感到飘飘然。甚至一些在商业领域内工作多年的人也会有如上想法。可是，在现实生活中，那些看上去支持我们，并表示想要购买我们产品或服务的人，却不一定就是我们真正需要的客户。

有一句话说得好，销售就是将合适的人请上车，不合适的人请下车。在与众多潜在客户打交道的过程当中，选择那些真正能够创造价值的客户才是正道。而对于那些不符合企业未来发展需求的客户，则需要及时地鉴别和甄选。这并不是要排斥那些愿意购买我们产品与服务的潜在客户，只是想提醒销售人员在面对客户时，一定要学会选择和判断，要尽可能地选择那些资信能力强、具有成长能力并能促进我们实现成长的客户。

那么，如何来跟客户一起来成长呢？

**1. 努力成为本专业的专家，又是客户所在行业的专家**

这是对销售人员非常高的要求，它不仅意味着向客户出售服务和产品，更重要的是提供非常专业的、客户感兴趣的知识和咨询。这要求销售人员有着广博的知识积累，熟悉客户所在的行业和发展趋势，了解客户当前的状态和困难。

这里有一个案例与大家分享。

美国钢铁公司曾经陷入相对困顿的境地，该公司在当时的美国工商界是有名的"铁公鸡"，对成本控制非常严格。

MCI（公司名）和AT&T（公司名）都在争取该公司的通信项目。MCI派出经验老到的项目经理，去见美国钢铁公司主管该项目的副总裁。他一进副总裁办公室就开始大谈MCI方案的优势和如何能帮助美国钢铁公司降低成本，结果不到5分钟，该项目经理就被无情地扫地出门。

AT&T公司的经理紧随其后赶到美国钢铁公司副总裁的办公室。按常理，在此情景下不会有什么好果子吃。此人是非常厉害的专做客户关系的经理，而非项目经理，有备而来的他把美国钢铁公司近20年的发展资料、重大事件、高层变动、财务报表以及目前存在的问题做了透彻的研究。一进副总裁办公室，他就直接谈美国钢铁公司目前面临哪些问题。那位副总裁原本想更好地羞辱一番AT&T的经理，不会给他超过2分钟的机会。结果发现AT&T的经理所提到的某些问题他自己还没有意识到，从而产生了浓厚的兴趣，还请他吃晚饭。AT&T最后赢得了美国钢铁公司的合同，并且有很好的回报。

**2. 深度参与客户的发展**

深度参与客户的发展有很多内涵，除了向客户提供产品和服务外，更多地在于密切关注客户的业务、产品和客户的市场乃至客户的客户。扮演客户的智囊，并对其各个重要的发展阶段提出高水平的建议和咨询。在深度参与的同时，需要对客户倾注足够的情感和关怀。

**3. 扶持客户，向客户提供战略性的帮助**

所谓战略性的帮助，是指既能促进客户的发展，又能促进自己业务和销售额增长的工作。给客户的只是相对固定的投入，却赢取了长久不变的收益。利乐公司是一家销售包装产品的企业，它免费赠送学生奶设备给沈阳乳业集团，帮助它扩大在学生市场中的份额，既壮大了沈阳乳业，也提高了利乐包装产品的市场占有率。

总之，对待不同的客户，应该有不同的具体策略与方法。只要站在客户的角度，考虑客户的长远利益，考虑客户的全方位利益，跟客户一起成长就能见出成效。

其实，人的一生就是推销自己、让别人认可的一个过程。但所有的这些都只是方法而已，在现实生活中真正能让我们万事亨通的，还是我们的人格魅力，永远都是"德为上、方法次之"。

有禅宗大师提出参禅的三重境界：参禅之初，看山是山，看水是水；禅有悟时，看山不是山，看水不是水；禅中彻悟，看山仍然是山，看水仍然是水。

最关键者，乃是我们的一颗心。这个方寸之地，可以演绎出无尽的戏码。《易经》说，"天行健，君子以自强不息"，"地势坤，君子以厚德载物"。具体而言，不论是自强不息，还是厚德载物，离开人心这个方寸之地，就什么也谈不上。

# 后　记

　　被称为超人的商界大佬李嘉诚曾经说过："我一生最好的经商锻炼是做推销员，这是我用 10 亿元也买不来的。"李嘉诚的话，显然比别人更具有说服力。

　　很多人谈到销售，就认为是"卖东西"，这只是片面的理解，其实人生无处不在销售，因为销售实际上是一个分析需求、判断需求、解决需求、满足需求的过程。在实际中很多人的销售并不是很成功，营销人员拼命的预约、讲解、讨好客户，跑折了腿、磨破了嘴，可客户就是不买账。究其原因，其实就是分析、判断、解决需求有了偏差，对方的需求得不到满足，我们的目标就很难达成。

　　所以，销售要懂人性、懂人心，首先是懂自己的人心，然后才能谈得上懂大客户的人心。在这样的基础上，才能谈得上得人心、赢人心。"工欲善其事，必先利其器"，其中的"器"可是颇有说道的一个词儿。搞懂了这个道理，方能体悟"运用之妙，存乎一心"的境界与智慧。谢谢！

作　者

2015 年 3 月